반드시 알아야 할

ez Spanish

스페인어 발음편

민 선 재 지음

한국외국어대학교 출판부

❖ 국립중앙도서관 출판시도서목록(CIP) ❖

ez Spanish : 발음편 / 민선재 -- 서울 : 한국외국어대학교
출판부, 2009
p.; cm

본문은 한국어, 스페인어가 혼합수록됨
ISBN 978-89-7464-528-1 18770 : ₩12000

에스파냐어 [--語]

771-KDC4
461-DDC21 CIP2009001346

머리말 Presentación

스페인어(el español)는 1스페인(España)과 중남미의 2아르헨티나(Argentina), 3볼리비아(Bolivia), 4콜롬비아(Colombia), 5코스타리카(Costa Rica), 6쿠바(Cuba), 7칠레(Chile), 8에콰도르(Ecuador), 9엘살바도르(El Salvador), 10과테말라(Guatemala), 11온두라스(Honduras), 12멕시코(México), 13니카라과(Nicaragua), 14파나마(Panamá), 15파라과이(Paraguay), 16페루(Perú), 17도미니카공화국(República Dominicana), 18우루과이(Uruguay), 19베네수엘라(Venezuela) 그리고 20적도기니(Guinea Ecuatorial)에서 국어로, 21푸에르토리코(Puerto Rico) 22안도라(Andorra)에서는 공용어로 사용하고 있으며 필리핀(Filipinas), 오스트레일리아(Australia), 모로코(Marruecos), 트리니다드 토바고(Trinidad y Tobago), 벨리세(Belice), 아이티(Haití), 이스라엘(Israel), 서사하라(Sahara Occidental), 발칸제국(los Balcanes) 그리고 미국 남서부(sur de los EE UU) 일대에서 부분적으로 사용한다. 스페인어 사용 인구는 약 4억 5천만 정도이다. 이런 규모로 볼 때 스페인어는 아주 중요한 언어라 볼 수 있다. 또한 배우기가 쉽고 언어 자체가 낭만적이므로 전공은 물론 취미로 선택하기에 좋은 언어라 할 수 있다.

ez Spanish는 혼자서 스페인어를 학습할 수 있도록 간편하고 효율적으로 구성되어 있다. ez Spanish는 발음, 문법, 불규칙 동사변화, 기본 동사, 생활 표현 등이 각 권으로 되어 있어 가벼운 마음으로 스페인어에 도전할 수 있도록 도와준다. ez Spanish가 각자의 창의력 개발과 향상에 크게 도움이 되기를 바란다. 본 발음편의 연습에 나오는 낱말들은 Antonio Quilis 와 Joseph A. Fernández 의 Curso de Fonética y Fonología Españolas (Madrid, CSIC, 1964)를 참고하였다. 한글로 표기된 발음 중에서 강세가 오는 곳은 다른 색으로 표시하였으므로 그곳을 강하게 발음하면 된다. 스페인과 중남미의 발음이 다른 것은 스페인의 발음을 중심으로 다루었다. 또한 표현문법을 수록하여 간단히 스페인어 구조를 이해할 수 있도록 하였다.

본 교재는 먼저 발음을 정확히 연습한 후, 단어의 뜻을 외우고, 표현문법을 참고하면 스페인어 구조에 대해 충분한 지식을 습득할 수 있다.

2009년 2월

민 선 재

차 례 Índice

발 음 Pronunciación

모음연습 Ejecicios de las Vocales

자음연습 Ejecicios de las Consonantes

표현문법 Gramática con las Expresiones

발 음 Pronunciación

▷ 자모표 Abecedario

문 자		명 칭		문 자		명 칭	
A	a	a	아	N	n	ene	에네
B	b	be	베	Ñ	ñ	eñe	에녜
C	c	ce	θ에/세	O	o	o	오
Ch	ch	che	체	P	p	pe	뻬
D	d	de	데	Q	q	cu	꾸
E	e	e	에	R	r	ere, erre	에레, 에르레
F	f	efe	에훼	S	s	ese	에세
G	g	ge	헤	T	t	te	떼
H	h	hache	아체	U	u	u	우
I	i	i	이	V	v	uve	우베
J	j	jota	호따	W	w	uve doble	우베 도블레
K	k	ka	까	X	x	equis	에끼스
L	l	ele	엘레	Y	y	i griega	이 그리에가
Ll	ll	elle	엘례/에예	Z	z	zeta	θ에따/세따
M	m	eme	에메				

▶ θ는 치간음을 말한다.

▶ 에르레는 r를 여러 번 굴려서 발음하는 것을 말한다.

▶ '에훼'의 'ㅎ'은 아랫입술을 윗니로 살짝 깨물면서 발음한다.

▶ ch, ll은 하나의 음소임에 유의하자! 최근 스페인 한림원에서는 ch, ll를 독립된 문자로 간주하지 않기로 했다. 그러므로 최근 사전에는 ch, ll란이 별도로 없고 ch는 c에서, ll는 l에서 찾아야 한다. 그러나 이들은 하나의 음소임으로 ch는 c와 h가 섞인 발음이 아니라 [c]로, ll는 l을 두 번 발음하는 것이 아니라 [ʎ]로 발음한다.

▶ 'θ에/엘례/θ에따'는 스페인식 발음이고 '세/에예/세따'는 중남미식 발음이다.

▷ 모음 Vocales

▶ 스페인어에는 a, e, i, o, u의 다섯 개의 모음이 있으며 a, e, o는 강모음이고, i, u는 약모음이다.

A [아]	mamá	[마마]	엄마
	padre	[빠드레]	아버지
E [에]	bebé	[베베]	아기
	mesa	[메사]	탁자
I [이]	niño	[니뇨]	어린이
	abril	[아브릴]	4월
O [오]	dónde	[돈데]	어디
	oso	[오소]	곰
U [우]	nube	[누베]	구름
	duda	[두다]	의심

▷ 자음 Consonantes

B

우리말의 'ㅂ'와 같은 발음이다.

+ a	[바]	bambú	[밤부]	대나무
+ e	[베]	bebé	[베베]	아기
+ i	[비]	bigote	[비고떼]	콧수염
+ o	[보]	boca	[보까]	입
+ u	[부]	burro	[부ㄹ로]	당나귀

C

모음 a, o, u가 뒤따르면 우리말의 'ㄲ'으로, 모음 e, i가 뒤따르면 [θ]로 발음한다. 이 [θ]를 중남미에서는 [s]로 발음한다.

+ a	[까]	casa	[까사]	집
+ o	[꼬]	consumo	[꼰수모]	소비
+ u	[꾸]	cura	[꾸라]	사제
+ e	[θ에 /세]	cena	[θ에나/세나]	저녁식사
+ i	[θ이 /시]	cine	[θ이네/시네]	영화관

* 중남미에서 [θ]를 [s]로 발음하는 현상을 'seseo' [세세오]라 부른다.

ch

우리말의 'ㅊ'을 입천장에 붙였다 끌어내리면서 발음하는 것과 같다.

+ a	[차]	muchacha	[무차차]	소녀
+ e	[체]	coche	[꼬체]	자동차
+ i	[치]	chico	[치꼬]	소년
+ o	[초]	chocolate	[초꼴라떼]	초콜릿
+ u	[추]	chupar	[추빠르]	빨다

D

우리말의 'ㄷ'과 같은 발음이다.

+ a	[다]	dama	[다마]	숙녀
+ e	[데]	dedo	[데도]	손가락
+ i	[디]	diciembre	[디시엠브레]	12월
+ o	[도]	doctor	[독또르]	박사
+ u	[두]	duda	[두다]	의심

F

순치음으로 아랫입술을 윗니로 가볍게 물면서 발음한다.

+ a	[화]	favor	[화보르]	호의
+ e	[훼]	feo	[훼오]	못생긴
+ i	[휘]	fin	[휜]	끝
+ o	[호]	fondo	[혼도]	바닥
+ u	[후]	fumar	[후마르]	담배피다

* fin은 단음절이므로 강세가 오지 않는다. 그러나 예외도 있다.
예를 들어, 불특정관사 'un'은 단음절이나 강세를 주어 발음한다.

G

모음 a, o, u가 뒤따르면 우리말의 'ㄱ'으로, 모음 e, i가 뒤따르면 후두음 'ㅎ'로 발음한다. 그러나 gue[게]나 gui[기] 형태가 될 경우 그대로 'ㄱ'로 발음하되 [u]는 발음되지 않으며, 이때 'u'는 단지 'g'발음을 'ㄱ'발음이 되도록 하는 역할만 한다. 그러나 'u' 위에 불규칙하게 '¨'표시가 찍혀 있는 경우 [u]발음이 살아난다.

+ a	[가]	gato	[가또]	고양이
+ e	[헤]	gente	[헨떼]	사람들
+ i	[히]	girasol	[히라솔]	해바라기
+ o	[고]	amigo	[아미고]	친구
+ u	[구]	agua	[아구아]	물
+ ue	[게]	guerra	[게ㄹ라]	전쟁
+ ui	[기]	guitarra	[기따ㄹ라]	기타
+ üe	[구에]	vergüenza	[베르구엔ㅎ/사]	수치심

H

어느 경우에도 발음을 하지 않는다.

+ a	[아]	hacha	[아차]	도끼
+ e	[에]	hermano	[에르마노]	오빠/형
+ i	[이]	hija	[이하]	딸
+ o	[오]	hoja	[오하]	종이
+ u	[우]	huracán	[우라깐]	태풍

✲ hi는 마찰음으로 한 음소[ǰ]에 해당하므로 철자 y와 같은 발음을 한다:
hierba [ǰérba 예르바] 풀
그러나 n, l 다음에서 파찰음화가 이루어진다:
el hielo [el ɉélo 엘젤로] 얼음

J

후두음 'ㅎ'로 발음한다. 모음 e, i 앞에서의 g와 같은 발음이다.

+ a	[하]	jamón	[하몬]	햄
+ e	[헤]	jefe	[헤훼]	부서장
+ i	[히]	jirafa	[히라화]	기린
+ o	[호]	joven	[호벤]	젊은이
+ u	[후]	jugar	[후가르]	놀다

K

주로 외래어 표기에 사용되며 'ㄲ'로 발음한다.

+ a	[까]	kaki	[까끼]	카키색
+ e	[께]	keratina	[께라띠나]	각질
+ i	[끼]	kilogramo	[낄로그라모]	킬로그램
+ o	[꼬]	koala	[꼬알라]	코알라
+ u	[꾸]	kurdo	[꾸르도]	쿠르드족

L

혀끝을 잇몸 바로 뒤에 붙여서 내는 **'ㄹ'**발음이다.

+ a	[라]	labio	[라비오]	입술
+ e	[레]	leche	[레체]	우유
+ i	[리]	libro	[리브로]	책
+ o	[로]	loco	[로꼬]	미친
+ u	[루]	lunes	[루네스]	월요일

Ll

혀끝을 입천장에 붙여 끌어내리면서 내는 발음 [ʎ]이다. 중남미에서는 [j]로 발음한다.

+ a	[랴/야]	llave	[랴베/야베]	열쇠
+ e	[례/예]	calle	[깔례/까예]	거리
+ o	[료/요]	caballo	[까발료/까바요]	말
+ u	[류/유]	lluvia	[류비아/유비아]	비

* 중남미에서 [ʎ]를 [j]로 발음하는 현상을 'yeísmo' [예이스모]라 부른다.

M

우리말의 **'ㅁ'**과 같은 발음이다.

+ a	[마]	madre	[마드레]	어머니
+ e	[메]	mesa	[메사]	탁자
+ i	[미]	camisa	[까미사]	셔츠
+ o	[모]	mosca	[모스까]	파리
+ u	[무]	mudo	[무도]	벙어리

N

우리말의 'ㄴ'과 같은 발음이다. 'n'뒤에 오는 자음에 동화되어 조금씩 다르게 발음되기도 한다.

+ a	[나]	nariz	[나리θ'스]	코
+ e	[네]	nervio	[네르비오]	신경
+ i	[니]	nido	[니도]	새둥지
+ o	[노]	noche	[노체]	밤
+ u	[누]	nube	[누베]	구름
+ [p], [b], [m]		un vaso	[움바소]	한 개의/어떤 컵
+ [f]		confuso	[꽁후소]	혼란한
+ [θ]		once	[온θ에/세]	십일
+ [t], [d]		lento	[렌또]	느린
+ [k], [g]		hongo	[옹고]	버섯
+ [c]		un chico	[운치꼬]	한/어떤 소년
+ [ɟ]		cónyuge	[꼰쥬헤]	부부

Ñ

혀끝을 입천장에 붙여 끌어내리면서 하는 발음으로 우리말의 '냐', '뇨'와 같은 발음이다.

+ a	[냐]	mañana	[마냐나]	내일, 아침
+ e	[녜]	compañero	[꼼빠녜로]	동료
+ i	[니]	compañía	[꼼빠니아]	회사
+ o	[뇨]	sueño	[수에뇨]	꿈
+ u	[뉴]	pañuelo	[빠뉴엘로]	손수건

P

우리말의 'ㅃ'와 같은 발음이다.

+ a	[빠]	papel	[빠뻴]	종이
+ e	[뻬]	peso	[뻬소]	무게
+ i	[삐]	piano	[삐아노]	피아노
+ o	[뽀]	pulpo	[뿔뽀]	낙지
+ u	[뿌]	punto	[뿐또]	점

Q

반드시 ue, ui와 합쳐 que[께], qui[끼]로 발음된다. 즉 'u'는 발음되지 않는다.

queso	[께소]	치즈
aquí	[아끼]	여기
máquina	[마끼나]	기계

R

우리말의 'ㄹ'과 같은 발음이나 단어 맨 앞에, 또는 n, s, l 다음에 올 경우와 철자가 rr로 겹쳐져 있을 때는 혀를 많이 굴려서 발음한다.

pero	[뻬로]	그러나
camarero	[까마레로]	웨이터
vender	[벤데르]	팔다
perro	[뻬ㄹ로]	개
rosa	[ㄹ로사]	장미
sonrisa	[손ㄹ리사]	미소
alrededor	[알ㄹ레데도르]	주위
Israel	[이스ㄹ라엘]	이스라엘

* n, s, l 다음에 r는 혀를 많이 굴려서 발음해야 되기 때문에 실제로 n, s, l은 거의 발음되지 않아 [소ㄹ리사], [아ㄹ레데도르], [이ㄹ라엘]처럼 들린다.

S

우리말의 'ㅅ'와 같은 발음이다.

+ a	[사]	sabio	[사비오]	현인
+ e	[세]	seguro	[세구로]	안전한/확실한
+ i	[시]	casi	[까시]	거의
+ o	[소]	sobre	[소브레]	봉투/~위에
+ u	[수]	subir	[수비르]	올라가다

T

우리말의 'ㄸ'와 같은 발음이다.

+ a	[따]	tacaño	[따까뇨]	인색한
+ e	[떼]	aceite	[아쎄/세이떼]	기름
+ i	[띠]	tinta	[띤따]	잉크
+ o	[또]	tomate	[또마떼]	토마토
+ u	[뚜]	tortuga	[또르뚜가]	거북이

V

우리말의 'ㅂ'와 같은 발음이다.

+ a	[바]	vaso	[바소]	컵
+ e	[베]	verano	[베라노]	여름
+ i	[비]	avión	[아비온]	비행기
+ o	[보]	vosotros	[보소뜨로스]	너희들
+ u	[부]	vuestro	[부에스뜨로]	너희들의

✲ b와 v는 구별없이 양순음으로 발음된다.

✲ 'vuestro'는 소유형용사로 명사 앞에 놓일 경우는 강세가 주어지지 않으며 명사 뒤에 놓일 경우는 강세가 주어진다. 이는 전치형과 후치형을 구별하기 위함이다.

W

주로 외래어 표기에 사용되며 외래어 발음을 그대로 유지한다. 강세의 위치는 외래어의 발음에 준한다.

Washingtón	[와싱똔]	워싱톤
whiski	[위스끼]	위스키
won	[원]	원 (한국화폐단위)
sandwich	[산드위치]	샌드위치

X

일반적으로 [ks]로 발음하나, 뒤에 자음이 나오는 경우 [s]로 발음되기도 한다. 지명은 간혹 'ㅎ'발음 [x]을 하기도 한다.

+ a	[끄사]	examen	[엑사멘]	시험
+ e	[끄세]	lexema	[렉세마]	어휘소
+ i	[끄시]	taxi	[딱시]	택시
+ o	[끄소]	exótico	[엑소띠꼬]	이국적인
+ u	[끄수]	exuberante	[엑수베란떼]	풍부한
자음앞		extranjero	[에스뜨랑헤로]	외국의
지명		Téxas	[떼하스]	텍사스
지명		México	[메히꼬]	멕시코

Y

우리말의 '야', '요' 발음과 비슷하나 좀 더 강하여 영어의 'yes'에 더 가깝다.

+ a	[야]	playa	[쁠라야]	해변
+ e	[예]	yegua	[예구아]	암말
+ o	[요]	ayuda	[아유다]	도움
+ u	[유]	mayo	[마요]	5월

* n, l 다음에서는 파찰음화가 이루어진다: cónyuge [꼰주헤] 부부

Z

스페인에서는 [θ]로 발음하고, 중남미에서는 [s]로 발음한다.

+ a	[θㅏ/사]	zapato	[θㅏ/사빠또]	구두
+ e	[θㅔ/세]	zeta	[θ에/세따]	철자 z의 이름
+ i	[θㅣ/시]	zinc	[θㅣㄴ/신끄]	아연
+ o	[θㅗ/소]	zorro	[θㅗ/소ㄹ로]	숫여우
+ u	[θㅜ/수]	zumo	[θㅜ/수모]	주스

* zinc는 단음절이므로 강세가 오지 않는다.

* 스페인식 발음과 중남미식 발음이 서로 다른 경우, 학습자는 자신의 필요에 따라 선택하여 일관성 있게 연습하도록 한다. 본 교재에서는 이후 스페인식 발음을 선택하여 표기하고 있다.

▷ 음절분해 Silabeo

음절 분해는 모음을 기준으로 한다. 따라서 음절수를 계산할 때, 모음 하나를 1음절로 계산하며, 이중모음이나 삼중모음은 하나의 모음으로 간주하고, 이중자음 또한 하나의 자음으로 간주한다. 이중모음과 삼중모음은 강모음 a, e, o와 약모음 i, u가 조합을 이루어 만들어지며, 이중자음으로는 bl, br, cl, cr, fl, fr, gl, gr, kl, kr, pl, pr, dr, tr등이 있다.

✲ 모음과 모음 사이에 자음이 하나만 있을 경우, 그 자음은 뒤에 오는 모음과 하나의 음절을 이룬다:

ca-sa	자(c)+모(a) - 자(s)+모(a)	집
co-che	자(c)+모(o) - 자(ch)+모(e)	자동차
fue-go	자(f)+모(ue) - 자(g)+모(o)	불
a-gua	모(a) - 자(g)+모(ua)	물
i-dio-ma	모(i) - 자(d)+모(io) - 자(m)+모(a)	언어

✲ 모음과 모음 사이에 자음이 두 개일 경우, 각각 앞 뒤 모음과 한 음절을 이룬다:

doc-tor	자(d)+모(o)+자(c) - 자(t)+모(o)+자(r)	의사
al-to	모(a)+자(l) - 자(t)+모(o)	높은
pier-na	자(p)+모(ie)+자(r) - 자(n)+모(a)	다리

✲ 이중자음은 하나의 자음으로 간주한다:

pla-ya	자(pl)+모(a) - 자(y)+모(a)	해변
di-ciem-bre	자(d)+모(i) - 자(c)+모(ie)+자(m) - 자(br)+모(e)	12월
blan-co	자(bl)+모(a)+자(n) - 자(c)+모(o)	흰
cla-ro	자(cl)+모(a) - 자(r)+모(o)	확실한

✲ 이중모음이라 하더라도 약모음 위에 강세 부호가 찍혀 강모음화되는 경우는 각각의 모음으로 간주한다:

tí-o	자(t)+모(í) - 모(o)	아저씨
dí-a	자(d)+모(í) - 모(a)	날(日)
rí-o	자(r)+모(í) - 모(o)	강
dú-o	자(d)+모(ú) - 모(o)	듀엣
ma-íz	자(m)+모(a) - 모(í)+자(z)	옥수수

▷ 강세 Acento

스페인어에서 강세는 매우 중요하다. 강세에 따라 단어의 뜻이 달라질 수 있기 때문이다. 낱말에 강세 표시가 있는 경우는 그 음절에 낱말 전체의 강세가 놓이게 되며, 낱말에 강세 표시가 없는 경우는 다음의 일반규칙에 의한다.

* n, s를 제외한 모든 자음으로 끝나는 낱말은 맨 마지막 음절에 강세가 있다:

be-ber	[베베르]	마시다
sa-bor	[사보르]	맛
ca-nal	[까날]	채널
gi-ra-sol	[히라솔]	해바라기

* 모음이나 자음 n, s로 끝난 낱말은 끝에서 두 번째 음절에 강세가 있다:

me-sa	[메사]	탁자
ton-to	[똔또]	바보
a-ño	[아뇨]	년(年)
mar-tes	[마르떼스]	화요일

* 불규칙하게 강세부호가 찍혀 있는 낱말은 강세부호표시가 있는 음절에 강세가 있다:

jar-dín	[하르딘]	정원
dón-de	[돈데]	어디
a-quí	[아끼]	여기
Mé-xi-co	[메히꼬]	멕시코

* 모든 특정관사, 모든 소유형용사 전치형, 모든 관계대명사(el cual, los cuales 예외), 모든 전치사와 그 복합형, 모든 접속사와 그 복합형, 모든 단음절 목적격(le, lo, la, se 등)에는 강세가 오지 않는다.
* 모든 불특정관사, 숫자(숫자 복합형은 뒤에만 오며, mil·cien·millón은 어느 위치에서도 강세 있음), 모든 지시형용사, 인칭대명사 주격, 중성지시대명사(esto·eso·aquello)를 포함한 모든 지시대명사, 모든 소유형용사 후치형, 모든 소유대명사에는 강세가 온다. 사람 이름이 2개가 겹쳐있는 경우는 뒤에만 강세가 온다(Juanjo, Marialuisa 등).
* 모든 낱말은 1개의 강세를 갖는다. 단, 부사(lentamente)는 2개의 강세를 갖는다.

▷ 억양 Entonación

스페인어의 억양은 크게 다음의 3가지로 구분할 수 있다:

하강어조	tonema descendente	⌒→
평 어 조	tonema horizontal	⟶
상승어조	tonema ascendente	‿→

▷ 구두점 Puntuación

,	coma	[꼬마]	쉼표
-	guión	[기온]	하이픈
;	punto y coma	[뿐또 이 꼬마]	세미콜론
“ ”	comillas	[꼬미야스]	따옴표
:	dos puntos	[도스 뿐또스]	콜론
—	raya	[ㄹ라야]	밑줄
.	punto final	[뿐또 휘날]	마침표
¨	diéresis	[디에레시스]	‘u’에 붙이는 부호
...	puntos suspensivos	[뿐또스 수스뻰시보스]	말줄임표
~	tilde	[띨데]	물결부호
¿	principio de interrogación	[쁘린θl/시삐오 데 인떼ㄹ로가θl/시온]	의문부호
?	fin de interrogación	[휜 데 인떼ㄹ로가θl/시온]	의문부호
¡	principio de admiración	[쁘린θl/시삐오 데 아드미라θl/시온]	감탄부호
!	fin de admiración	[휜 데 아드미라θl/시온]	감탄부호
( )	paréntesis	[빠렌떼시스]	괄호

＊ 스페인어에서는 문장 앞뒤에 의문부호(¿ ?)와 감탄부호(¡ !)를 표기한다:

¿Es usted doctor? — 당신은 의사이십니까?
에스 우스뗀 독또르

¿Qué es esto? — 이것은 무엇입니까?
께 에스 에스또

¡Qué frío! — 아휴, 추워!
께 후리오

¡Qué chica más guapa! — 정말 예쁜 소녀다!
께 치까 마스 구아빠

▷ 대문자 사용 Usos de Mayúsculas

문(文)이 시작될 때	Queridos amigos~
마침표 다음에서	~nos marchamos. Al salir ~
고 유 명 사 신과 관계된 단어	José María El Creador (창조주) Dios (신) Santa María (성모) España (스페인)
약 자	D. (don) / D^{a}. (doña) Ud. (usted) Sr. (señor)
기 관 명	Instituto Cervantes

＊ 대문자 위에 강세가 오게 되는 경우, 강세 부호를 찍어도 좋고 안 찍어도 좋으나 일반적으로는 찍지 않는다: Capítulo / CAPITULO

▷ 어순 Orden de Palabras

스페인어 긍정문의 기본어순은 '주어 + 동사 + 목적어'이고, 의문문은 '¿동사 + 주어 + 목적어 ?'이며, 부정문은 동사 앞에 부정어 'no'를 놓는다. 그러나 스페인어에서는 다양한 동사변화로 인하여 주로 인칭대명사 주어를 생략하며, 부사 등의 위치도 비교적 자유롭다:

Yo tengo libros. 나는 책을 가지고 있다.
요 뗑고 리브로스
↓ ↓ ↓
주어 동사 목적어
→ 인칭대명사 주어를 생략하면
Tengo libros.
→ 주어와 동사의 위치를 바꾸면
¿Tengo (yo) libros? 내가 책을 가지고 있니?
→ 동사 앞에 부정어 'no'를 넣으면
Yo no tengo libros./No tengo libros. 나는 책을 가지고 있지 않다.

모음연습 [a]/[e] ejercicios de las vocales [a]/[e]

- caso queso
- pasa pesa
- para pera
- vaca beca
- bala vela

caso	경우/동사 casar(결혼시키다)	queso	치즈
pasa	건포도/동사 pasar (지나가다/지내다)	pesa	추/동사 pesar (무게가 나가다)
para	전치사(-을 위하여)/ 동사 parar(정지하다)	pera	(과일)배
vaca	암소	beca	장학금
bala	총알/동사 balar (양 등이 울다)	vela	밤샘/돛/동사 velar (밤샘을 하다)

* 'para'가 전치사로 쓰인 경우 강세가 오지 않는다.

모음연습 [a]/[i]　ejercicios de las vocales [a]/[i]

- masa　misa
- taza　tiza
- paso　piso
- pala　pila
- pata　pita

masa	집단/반죽덩이	misa	(종교)미사
taza	찻잔	tiza	분필
paso	통행/한 걸음/동사 pasar (지나가다/지내다)	piso	층/아파트/동사 pisar(밟다)
pala	삽	pila	물통/전지
pata	(동물)발	pita	용설란/동사 pitar(호루라기를 불다/기적을 울리다)

모음연습 [a]/[o]　ejercicios de las vocales [a]/[o]

- mazo　　mozo
- Paco　　poco
- palo　　polo
- caro　　coro
- sala　　sola

mazo	큰 망치	mozo	젊은/젊은 남자/남자 종업원
Paco	남자이름 Francisco의 애칭	poco	(문법:대명사)조금/(문법:형용사)조금의/(문법:부사)조금
palo	곤봉	polo	극(polo ártico:북극/ polo antártico:남극)/ 폴로 경기
caro	비싼	coro	합창(단)
sala	큰 방	sola	solo(오직 하나의)의 여성형

모음연습 [a]/[u] ejercicios de las vocales [a]/[u]

- cana cuna
- cara cura
- rata ruta
- bala bula
- mala mula

cana	백발	cuna	요람/동사 cunar (요람을 흔들다)
cara	얼굴	cura	치료/사제/동사 curar (치료하다)
rata	큰 쥐/암쥐	ruta	노선
bala	총알	bula	납인/로마 귀족 자제들이 지니던 메달
mala	malo(나쁜)의 여성형	mula	암노새(mulo:수노새)

모음연습 [e]/[i]　ejercicios de las vocales [e]/[i]

- bebo　vivo
- peso　piso
- memo　mimo
- rezo　rizo
- tela　tila

bebo	동사 beber(마시다)	vivo	살아있는/생생한/ 동사 vivir(살다)
peso	무게/뻬소(화폐 단위)/ 동사 pesar(무게가 나가다/ 무게를 달다)	piso	층/아파트/동사 pisar(밟다)
memo	아둔한	mimo	그리이스·로마의 풍자극/ 응석 받아주기/동사 mimar (응석을 받아주다)
rezo	기도/동사 rezar(기도하다)	rizo	곱슬한/주름진/ 동사 rizar(주름을 잡다)
tela	옷감	tila	참피나무(tilo)

모음연습 [e]/[o] ejercicios de las vocales [e]/[o]

- pelo polo
- mero moro
- velo bolo
- seso soso
- veto voto

pelo	머리카락	polo	극(polo ártico:북극/ polo antártico:남극)/ 폴로 경기
mero	단순한/(물고기)메로	moro	모로인/모로인의
velo	베일/동사 velar(밤샘을하다)	bolo	작대기/큰 알약
seso	뇌	soso	싱거운
veto	거부/거부권/동사 vetar (거부하다)	voto	맹세/투표/동사 votar (투표하다)

모음연습 [e]/[u] ejercicios de las vocales [e]/[u]

- mesa musa
- pero puro
- vela bula
- reta ruta
- bella bulla

mesa	탁자	musa	뮤즈(학예의 신)/시성
pero	그러나	puro	순수한
vela	밤샘/돛/동사 velar(밤샘을 하다)	bula	납인/로마 귀족 자제들이 지니던 메달
reta	동사 retar(도전하다)	ruta	노선
bella	bello(아름다운)의 여성형	bulla	소동/동사 bullir(들끓다)

* 'pero'는 접속사이므로 강세가 오지 않는다.

모음연습 [i]/[o] ejercicios de las vocales [i]/[o]

■ pico	poco
■ tiro	toro
■ hijo	ojo
■ rica	roca
■ tinta	tonta

pico	(새)부리/뾰족한 끝/ 동사 picar(찌르다)	poco	(문법:대명사)조금/(문법:형용사)조금의/(문법:부사)조금
tiro	내던짐/발사/동사 tirar (던지다)	toro	황소
hijo	아들	ojo	(신체)눈
rica	rico(부유한)의 여성형	roca	바위
tinta	잉크	tonta	tonto(바보의)의 여성형

모음연습 [i]/[u]　ejercicios de las vocales [i]/[u]

- nido　nudo
- miro　muro
- misa　musa
- risa　rusa
- pinta　punta

nido	둥지	nudo	마디/매듭/(속력 단위)노트
miro	동사 mirar(보다)	muro	흙담
misa	(종교)미사	musa	뮤즈(학예의 신)/시성
risa	웃음	rusa	ruso(러시아의)의 여성형
pinta	무늬/겉모양/동사 pintar (색칠하다)	punta	뾰족한 끝/(편물)한 땀/ 동사 puntar(부호를 달다)

모음연습 [o]/[u]　ejercicios de las vocales [o]/[u]

■ bola	bula
■ oso	uso
■ modo	mudo
■ rota	ruta
■ poro	puro

bola	공	bula	납인/로마 귀족 자제들이 지니던 메달
oso	곰	uso	사용/동사 usar(사용하다)
modo	방법	mudo	벙어리(의)/동사 mudar (이동하다)
rota	등나무/roto(깨진)의 여성형	ruta	노선
poro	모공	puro	순수한

자음연습 [p]/[b] ejercicios de las consonantes [p]/[b]

- par bar
- peso beso
- paño baño
- pata bata
- pelo velo
- poca boca
- parra barra
- pez vez
- pino vino
- pesa besa

par	한쌍	bar	바(간이 술집)
peso	무게/(화폐 단위)뻬소/ 동사 pesar(무게가 나가다/ 무게를 달다)	beso	입맞춤/동사 besar(입맞추다)
paño	직물	baño	목욕/동사 bañar(적시다)
pata	(동물)발	bata	가운
pelo	머리카락	velo	베일/동사 velar(밤샘을 하다)
poca	poco(조금의)의 여성형/ (문법:대명사)조금	boca	(신체)입/입구
parra	포도 덩굴	barra	몽둥이
pez	물고기	vez	번/때
pino	소나무	vino	포도주/동사 venir(오다)
pesa	추/동사 pesar(무게가 나가다)	besa	동사 besar(입맞추다)

자음연습 [p]/[f] ejercicios de las consonantes [p]/[f]

- pavor favor
- pez fez
- pino fino
- pía fía
- copia cofia
- paz faz
- puente fuente
- poso foso
- presa fresa
- prisa frisa

pavor	공포	favor	호의
pez	물고기	fez	터키 모자
pino	소나무	fino	정교한
pía	pío(신앙심이 돈독한)의 여성형	fía	신용
copia	복사(본)/동사 copiar (복사하다)	cofia	머리띠
paz	평화	faz	얼굴/표면
puente	교각	fuente	분수/출처
poso	침전물/동사 posar(묵다/쉬다)	foso	구멍/(극장)오케스트라석/동사 fosar(구멍을 파다)
presa	노획(물)	fresa	딸기
prisa	서두름	frisa	울타리/보풀/동사 frisar (보풀을 일으키다)

자음연습 [p]/[m] ejercicios de las consonantes [p]/[m]

- poda moda
- capa cama
- puerto muerto
- pozo mozo
- trapo tramo
- pala mala
- copa coma
- pato mato
- pana mana
- rapo ramo

poda	가지치기/동사 podar (가지를 치다)	moda	유행
capa	망토/동사 capar(거세하다)	cama	침대
puerto	항구	muerto	동사 morir(죽다)의 과거분사형
pozo	우물	mozo	젊은/젊은 남자/남자 종업원
trapo	넝마	tramo	구획/동사 tramar (음모를 꾸미다)
pala	삽/동사 palar(삽질하다)	mala	malo(나쁜)의 여성형
copa	컵	coma	쉼표/동사 comer(먹다)
pato	(동물)다리	mato	동사 matar(죽이다)
pana	(직물)코르덴	mana	동사 manar(솟아 나오다)
rapo	naba(순무우)뿌리/동사 rapar (수염을 깎아주다/ 날치기하다)	ramo	나뭇가지/꽃다발

자음연습 [p]/[t] ejercicios de las consonantes [p]/[t]

- capa cata
- copo coto
- trapo trato
- pinta tinta
- poca toca
- pino tino
- mapa mata
- lapa lata
- aspa asta
- guapa guata

capa	망토/동사 capar(거세하다)	cata	독이 있나 먹어봄/동사 catar (독이 있나 먹어보다)
copo	눈송이	coto	경계/경계석
trapo	넝마	trato	취급/조약/동사 tratar(다루다)
pinta	무늬/겉모양/동사 pintar (색칠하다)	tinta	잉크
poca	poco(조금의)의 여성형/ (문법:대명사)조금	toca	두건/동사 tocar (만지다/연주하다)
pino	소나무	tino	적중/(식물)산수유나무
mapa	지도	mata	동사 matar(죽이다)
lapa	곰팡이 막	lata	깡통
aspa	X자형 모양/동사 aspar (X자형 모양으로 만들다)	asta	(무기)창
guapa	guapo(잘생긴)의 여성형	guata	(직물)무명

자음연습 [p]/[k] ejercicios de las consonantes [p]/[k]

- peso queso
- poso coso
- paso caso
- pasa casa
- puente cuente
- apostar acostar
- pulpa culpa
- puño cuño
- puro curo
- puñado cuñado

peso	무게/(화폐 단위)빼소/ 동사 pesar(무게가 나가다/ 무게를 달다)	queso	치즈
poso	침전물/동사 posar(묵다/쉬다)	coso	투우장/중앙대로/ 동사 coser(꿰매다)
paso	통행/동사 pasar (지나가다/지내다)	caso	경우/동사 casar(결혼시키다)
pasa	건포도/동사 pasar (지나가다/지내다)	casa	집/동사 casar(결혼시키다)
puente	교각	cuente	동사 contar(수를 세다/ 이야기하다)
apostar	(동사)내기를 걸다	acostar	동사(재우다)
pulpa	과육	culpa	잘못
puño	주먹/한줌	cuño	(화폐)각인/틀
puro	순수한	curo	동사 curar(치료하다)
puñado	한줌	cuñado	(가족)동서

자음연습 [b]/[m] ejercicios de las consonantes [b]/[m]

■ alba	alma
■ vano	mano
■ bar	mar
■ besa	mesa
■ lobo	lomo
■ borro	morro
■ vuela	muela
■ bota	mota
■ bulo	mulo
■ vil	mil

alba	여명	alma	영혼
vano	헛된	mano	손/동사 manar(뿜어 나오다)
bar	바(간이 술집)	mar	바다
besa	동사 besar(입맞추다)	mesa	탁자
lobo	늑대	lomo	등짝/등심육
borro	새끼 양/동사 borrar(지우다)	morro	둥근 것
vuela	동사 volar(날다)	muela	맷돌/어금니/ 동사 moler(맷돌로 빻다)
bota	부츠/동사 botar(내던지다)	mota	(직물)매듭/작은 흠/ 작은 언덕/짧은 곱슬머리
bulo	낭설	mulo	노새
vil	비천한	mil	(숫자)천

자음연습 [b]/[f]　ejercicios de las consonantes [b]/[f]

■ brío	frío
■ vino	fino
■ vibra	fibra
■ veo	feo
■ boca	foca
■ borro	forro
■ babor	favor
■ vaca	faca
■ brisa	frisa

brío	씩씩함	frío	추위
vino	포도주/동사 venir(오다)	fino	섬세한/동사 finar (세상을 뜨다)
vibra	동사 vibrar(진동시키다)	fibra	섬유
veo	동사 ver(보다)	feo	못생긴
boca	(신체)입/입구	foca	물개
borro	새끼 양/동사 borrar(지우다)	forro	안감/동사 forrar (안감을 대다)
babor	(배)좌현	favor	호의
vaca	암소	faca	비수
brisa	미풍/동사 brisar (미풍이 불다)	frisa	울타리/보풀/동사 frisar (보풀을 일으키다)

자음연습 [b]/[d] ejercicios de las consonantes [b]/[d]

■ vía	día
■ salvar	saldar
■ cava	cada
■ bono	dono
■ vuelo	duelo
■ combado	condado
■ calvo	caldo
■ estribor	estridor
■ parva	parda
■ torvo	tordo

vía	길/경로	día	(날짜)날/낮
salvar	동사(구하다)	saldar	동사(결산하다)
cava	땅 일구기/동사 cavar (땅을 일구다)	cada	각각의
bono	배급권/채권	dono	동사 donar(기부하다)
vuelo	비행기/동사 volar(날다)	duelo	결투/동사 doler(아프다)
combado	동사 combar(뒤틀리게 하다)의 과거분사형	condado	백작의 지위/백작의 영토
calvo	대머리의/동사 calvar (속이다)	caldo	수프
estribor	(배)우현	estridor	귀를 찢는 듯한 소리
parva	parvo(적은)의 여성형/ 베어 넓은 곡식 단	parda	pardo(황갈색의)의 여성형
torvo	무서운/혹독한	tordo	회색의/(새)개똥쥐바퀴

자음연습 [b]/[g]　ejercicios de las consonantes [b]/[g]

- libar　ligar
- robar　rogar
- bruta　gruta
- bala　gala
- bula　gula
- basta　gasta
- bata　gata
- bota　gota
- alba　alga
- voces　goces

libar	(동사)빨아 마시다/술을 마시다	ligar	(동사)연결시키다/제휴시키다
robar	(동사)훔치다	rogar	(동사)간청하다
bruta	bruto(난폭한)의 여성형	gruta	동굴
bala	총알	gala	(옷)정장
bula	납인/로마 귀족 자제들이 지니던 메달	gula	(식사)폭식
basta	(바느질)시침질/ 동사 bastar(충분하다)	gasta	동사 gastar(소비하다)
bata	가운	gata	암고양이
bota	부츠/동사 botar(내던지다)	gota	물 한 방울
alba	여명	alga	해초
voces	voz(소리)의 복수형	goces	goce(쾌락)의 복수형/ 동사 gozar(즐기다)

자음연습 [d]/[t] ejercicios de las consonantes [d]/[t]

- soldado soltado
- domar tomar
- boda bota
- codo coto
- condado contado
- tiendo tiento
- saldar saltar
- rada rata
- soldar soltar
- seda seta
- tienda tienta

soldado	군인	soltado	동사 soltar(풀어주다)의 과거분사형
domar	(동사)길들이다	tomar	동사(취하다)
boda	결혼/결혼식	bota	부츠/동사 botar(내던지다)
codo	팔꿈치	coto	경계/경계석
condado	백작의 지위/백작의 영토	contado	분할/동사 contar(계산하다/이야기하다)의 과거분사형
tiendo	동사 tender(넓히다)	tiento	손으로 더듬거리기/동사 tentar(더듬거려 찾다)
saldar	동사(결산하다)	saltar	(동사)껑충 뛰다
rada	(해양)만	rata	큰 쥐/암쥐
soldar	(동사)용접하다	soltar	(동사)풀어주다
seda	(직물)비단	seta	버섯
tienda	가게	tienta	시도/동사 tentar(더듬거려 찾다)

자음연습 [d]/[θ] ejercicios de las consonantes [d]/[θ]

- cada caza
- lado lazo
- rada raza
- cordel corcel
- modo mozo
- Breda Breza
- caldo calzo
- deja ceja
- moda moza
- dedo cedo
- dar zar

cada	각각의	caza	사냥/동사 cazar(사냥하다)
lado	측면	lazo	오랏줄/동사 lazar (오랏줄로 붙잡다)
rada	(해양)만	raza	종족
cordel	끈	corcel	준마
modo	방법	mozo	젊은/젊은 남자/남자 종업원
Breda	스페인 Girona 지방도시 이름	Breza	슬로바키아 도시 이름
caldo	수프	calzo	쐐기/동사 calzar (신발을 신기다)
deja	배어 낸 나머지/ 동사 dejar(놓아두다/버리다)	ceja	눈썹/동사 cejar(후퇴하다)
moda	유행/스타일	moza	mozo(젊은)의 여성형/ 젊은 여자/여자 종업원
dedo	손가락	cedo	곧장/동사 ceder(양보하다)
dar	동사(주다)	zar	러시아의 황제

자음연습 [d]/[g] ejercicios de las consonantes [d]/[g]

▪ día	guía
▪ toda	toga
▪ dama	gama
▪ vado	vago
▪ rueda	ruega
▪ dato	gato
▪ doma	goma
▪ doce	goce
▪ boda	boga
▪ veda	vega
▪ lado	lago

día	(날짜)날/낮	guía	안내/안내자
toda	todo(모든)의 여성형	toga	긴 도포
dama	숙녀	gama	암사슴
vado	여울/방책	vago	막연한/동사 vagar(떠돌다)
rueda	바퀴	ruega	동사 rogar(간청하다)
dato	자료/동사 datar (날짜를 기입하다)	gato	고양이
doma	야생마 길들이기/ 동사 domar(길들이다)	goma	고무
doce	(숫자)12	goce	쾌락/동사 gozar(즐기다)
boda	결혼/결혼식	boga	유행/노젓기/동사 bogar (노를 젓다)
veda	(경전)베다/금지/ 동사 vedar(금지하다)	vega	광야
lado	측면	lago	호수

자음연습 [t]/[k] ejercicios de las consonantes [t]/[k]

- torre corre
- toser coser
- tarro carro
- tal cal
- tasar casar
- tanto canto
- tardar cardar
- taza caza
- rota roca
- tuna cuna

torre	탑	corre	동사 correr(달리다)
toser	동사(기침하다)	coser	동사(꿰매다)
tarro	유리 단지	carro	차량/수레
tal	그러한	cal	석회
tasar	동사(값을 매기다)	casar	부락/동사(결혼시키다)
tanto	그만큼의	canto	가장자리/노래/ 동사 cantar(노래하다)
tardar	동사(늦어지다)	cardar	동사((양털 등을)빗질하다)
taza	찻잔	caza	사냥/동사 cazar(사냥하다)
rota	등나무/roto(깨진)의 여성형	roca	바위
tuna	선인장/대학생 노래동아리	cuna	요람

자음연습 [t]/[θ] ejercicios de las consonantes [t]/[θ]

■ teja	ceja
■ tierra	cierra
■ rata	raza
■ catar	cazar
■ tinta	cinta
■ moto	mozo
■ terca	cerca
■ enterrar	encerrar
■ tiento	ciento
■ tierno	cierno

teja	기와	ceja	눈썹/동사 cejar(후퇴하다)
tierra	땅/흙/지구	cierra	동사 cerrar(닫다)
rata	큰 쥐/암쥐	raza	종족
catar	(동사)독이 있나 먹어보다	cazar	(동사)사냥하다
tinta	잉크	cinta	끈/테이프
moto	경계석/f.오토바이	mozo	젊은/젊은 남자/남자 종업원
terca	terco(완고한)의 여성형	cerca	담장/가까이
enterrar	(동사)매장하다	encerrar	(동사)매장하다
tiento	손으로 더듬거리기/ 동사 tentar(더듬거려 찾다)	ciento	(숫자)100
tierno	연한	cierno	동사 cerner(체로 치다)

자음연습 [k]/[g] ejercicios de las consonantes [k]/[g]

- casa gasa
- coma goma
- vaca vaga
- toca toga
- cana gana
- quita guita
- cota gota
- corro gorro
- coloso goloso
- caucho gaucho

casa	집/동사 casar(결혼시키다)	gasa	실/거어즈
coma	쉼표/동사 comer(먹다)	goma	고무
vaca	암소	vaga	vago(막연한)의 여성형/ 동사 vagar(떠돌다)
toca	두건/동사 tocar (만지다/연주하다)	toga	긴 도포
cana	백발	gana	의욕/동사 ganar(벌다)
quita	공제금/동사 quitar(제거하다)	guita	삼실/동사 guitar(삼실로 꿰매다)
cota	갑옷/분담금/회비	gota	물 한 방울
corro	군중/동사 correr(달리다)	gorro	두건/테도 챙도 없는 모자
coloso	거상/거물	goloso	단 것을 즐기는(사람)
caucho	고무	gaucho	갈고리/목동

자음연습 [k]/[x] ejercicios de las consonantes [k]/[x]

■ roca	roja
■ sacar	sajar
■ coco	cojo
■ vaca	baja
■ faca	faja
■ cota	coja
■ saco	sajo
■ carro	jarro
■ quema	gema
■ Paca	paja

roca	바위	roja	rojo(붉은)의 여성형
sacar	동사(꺼내다)	sajar	동사(끊어내다)
coco	야자/야자나무	cojo	절름발이의/남자 절름발이
vaca	암소	baja	하락/bajo(낮은)의 여성형/동사 bajar(내려가다)
faca	비수	faja	띠/동사 fajar(띠를 두르다)
cota	갑옷/분담금/회비	coja	(속어)창녀/cojo(절름발이의)의 여성형/여자 절름발이/동사 coger(잡다)
saco	자루/동사 sacar(꺼내다)	sajo	동사 sajar(끊어내다)
carro	차량/수레	jarro	(그릇)단지
quema	태우는 일/동사 quemar(태우다)	gema	보석
Paca	여자 이름 Francisca의 애칭	paja	짚

자음연습 [g]/[x]   ejercicios de las consonantes [g]/[x]

- gota jota
- vago bajo
- higo hijo
- hago ajo
- paga paja
- liga lija
- vega veja
- digo dijo
- mago majo
- legos lejos

gota	물 한 방울	jota	문자 j의 명칭/(춤,노래)호따
vago	막연한/동사 vagar(떠돌다)	bajo	낮은/아래로/동사 bajar (내려가다)
higo	무화과(열매)	hijo	아들
hago	동사 hacer(만들다)	ajo	마늘
paga	지불/동사 pagar(지불하다)	paja	지푸라기
liga	연결 끈/동사 ligar (연결하다/묶다)	lija	뿔상어/사포/동사 lijar (사포질하다)
vega	광야	veja	동사 vejar(박해하다)
digo	동사 decir(말하다)	dijo	동사 decir(말하다)
mago	(종교)마니교의/동방박사	majo	멋진
legos	lego(속된)의 복수형	lejos	먼

자음연습 [f]/[θ]   ejercicios de las consonantes [f]/[θ]

- café   cacé
- forro   zorro
- rifar   rizar
- afeite   aceite
- mofa   moza
- alfar   alzar
- Febo   cebo
- bufón   buzón
- fina   cina
- foco   zoco

café	커피/커피숍	cacé	동사 cazar(수렵하다)
forro	안감대기/동사 forrar (안감을 대다)	zorro	여우의 수컷
rifar	동사(제비를 뽑다)	rizar	(동사)퍼머를 하다
afeite	동사 afeitar(면도하다)	aceite	기름
mofa	야유/동사 mofar(야유하다)	moza	mozo(젊은)의 여성형/ 젊은 여자/여자 종업원
alfar	도기공장	alzar	(동사)올리다
Febo	태양/태양의 신(Apolo)	cebo	사료/동사 cebar (먹이를 주다)
bufón	익살맞은/어릿광대	buzón	우체통
fina	fino(정교한)의 여성형/ 동사 finar(세상을 뜨다)	cina	화분과의 식물 이름
foco	초점	zoco	왼손잡이의/남자 왼손잡이

자음연습 [f]/[s]　ejercicios de las consonantes [f]/[s]

■ fiesta	siesta
■ infecto	insecto
■ gafas	gasas
■ feria	seria
■ fofo	soso
■ faca	saca
■ fea	sea
■ fuerte	suerte
■ café	casé

fiesta	축제/축일	siesta	낮잠
infecto	오염된/동사 infectar (오염·전염시키다)	insecto	곤충
gafas	안경	gasas	gasa(실/거어즈)의 복수형
feria	장/장날	seria	serio(진지한)의 여성형
fofo	속이 덜 찬	soso	싱거운
faca	비수	saca	꺼내는 일/동사 sacar (꺼내다)
fea	feo(못생긴)의 여성형	sea	동사 ser(-이다)
fuerte	강한	suerte	운명/행운
café	커피/커피숍	casé	동사 casar(결혼시키다)

자음연습 [f]/[x]　ejercicios de las consonantes [f]/[x]

- mofa　moja
- fusta　justa
- farra　jarra
- faca　jaca
- rifa　rija
- fuego　juego

mofa	야유/동사 mofar(야유하다)	moja	동사 mojar(적시다)
fusta	채찍	justa	justo(공정한/정확한)의 여성형
farra	연어의 일종	jarra	(그릇)단지
faca	비수	jaca	조랑말
rifa	제비뽑기/동사 rifar (제비를 뽑다)	rija	(의학)누선루/소동
fuego	불	juego	놀이/동사 jugar(놀다)

자음연습 [θ]/[s] ejercicios de las consonantes [θ]/[s]

cocer	coser
caza	casa
cegar	segar
cerrar	serrar
cazo	caso
cocido	cosido
ciega	siega
bazo	vaso
haz	as
maza	masa

cocer	동사(삶다)	coser	(동사)꿰매다
caza	수렵/동사 cazar(수렵하다)	casa	집/동사 casar(결혼시키다)
cegar	동사(눈이 멀다/ 눈을 멀게 하다)	segar	동사(베다)
cerrar	동사(닫다)	serrar	동사(톱질하다)
cazo	나무 국자/동사 cazar (수렵하다)	caso	경우/동사 casar(결혼시키다)
cocido	마드리드식 전골/동사 cocer (삶다)의 과거분사형	cosido	동사 coser(꿰매다)의 과거분사형
ciega	ciego(눈이 먼/장님)의 여성형/여자 장님/ 동사 cegar(눈이 멀다/ 눈을 멀게 하다)	siega	추수/동사 segar(베다)
bazo	노란 갈색/비장	vaso	물잔
haz	얼굴/표면	as	고대 로마의 동전/주사위 패의 하나
maza	망치창/동사 mazar (버터를 만들기 위해 우유부대를 두들기다)	masa	집단/반죽덩이

자음연습 [θ]/[x] ejercicios de las consonantes [θ]/[x]

▪ caza	caja
▪ mazo	majo
▪ cocer	coger
▪ raza	raja
▪ mozo	mojo
▪ liza	lija
▪ reza	reja
▪ rozo	rojo
▪ baza	baja
▪ azar	ajar

caza	수렵/동사 cazar(수렵하다)	caja	상자/금고
mazo	큰 망치	majo	멋진
cocer	동사(삶다)	coger	(동사)잡다
raza	종족	raja	균열/동사 rajar(쪼개다)
mozo	젊은/젊은 남자/남자 종업원	mojo	수프/동사 mojar(적시다)
liza	숭어/시합장	lija	뿔상어/사포/동사 lijar (사포질하다)
reza	동사 rezar(기도하다)	reja	창살
rozo	풀을 벤 터/동사 rozar (풀을 베다)	rojo	붉은
baza	카드 놀이에서 승자가 갖는 카드 수/bazo(누런 갈색)의 여성형	baja	하락/bajo(낮은)의 여성형/ 동사 bajar(내려가다)
azar	우연	ajar	마늘밭/동사(함부로 다루다)

자음연습 [s]/[x]   ejercicios de las consonantes [s]/[x]

■ coser	coger
■ casa	caja
■ masa	maja
■ vaso	bajo
■ oso	ojo
■ aso	ajo
■ cesa	ceja
■ puso	pujo
■ cosa	coja
■ saco	jaco

coser	동사(꿰매다)	coger	동사(잡다)
casa	집/동사 casar(결혼시키다)	caja	상자/금고
masa	집단/반죽덩이	maja	majo(멋진)의 여성형
vaso	물잔	bajo	낮은/아래로/동사 bajar (내려가다)
oso	곰	ojo	(신체)눈
aso	동사 asar(굽다)	ajo	마늘
cesa	동사 cesar(그만 두다)	ceja	눈썹/동사 cejar(후퇴하다)
puso	동사 poner(놓다)	pujo	오줌소태
cosa	일/물건/동사 coser(꿰매다)	coja	(속어)창녀/cojo(절름발이의)의 여성형/여자 절름발이
saco	자루/동사 sacar(꺼내다)	jaco	비쩍 마른 말

자음연습 [s]/[c] ejercicios de las consonantes [s]/[c]

■ oso	ocho
■ viso	bicho
■ asa	hacha
■ peso	pecho
■ rasa	racha
■ caso	cacho
■ casas	cachas
■ sal	chal
■ gasas	gachas

oso	곰	ocho	(숫자)8/동사 ochar (노리다/부추기다)
viso	윤기/동사 visar(사증하다)	bicho	벌레
asa	손잡이	hacha	도끼/동사 hachar (도끼로 치다)
peso	무게/(화폐 단위)뻬소/ 동사 pesar (무게가 나가다)	pecho	가슴/세금/동사 pechar(세금을 납부하다)
rasa	잘못 짜진 피륙/평평한 땅/ 동사 rasar(땅을 평평하게 하다/ 스치다)	racha	돌풍/동사 rachar (세로로 자르다)
caso	경우/동사 casar(결혼시키다)	cacho	밑으로 향한/부스러기/ 카드놀이의 일종 /(물고기) 노랑촉수/동물의 뿔/ 동사 cachar(나무를 결대로 조개다/뿔로 받다/공 등을 받다)
casas	casa(집)의 복수형/ 동사 casar (결혼시키다)	cachas	cacho(밑으로 향한)의 여성복수형/동사 cachar (나무를 결대로 조개다/ 뿔로 받다/공 등을 받다)
sal	소금	chal	쇼올
gasas	gasa(실/거어즈)의 복수형	gachas	gacha(죽)의 복수형/우유 죽

자음연습 [j]/[c]   ejercicios de las consonantes [j]/[c]

■ mayo	macho
■ leyes	leches
■ haya	hacha
■ raya	racha
■ hoyo	ocho
■ sayo	sacho
■ poyo	pocho

mayo	5월	macho	수컷/수컷의
leyes	ley(법)의 복수형	leches	leche(우유/백합과 식물)의 복수형/동사 lechar (젖을 짜다)
haya	너도밤나무/동사 haber (-에 있다)	hacha	도끼/동사 hachar (도끼로 치다)
raya	(물고기)가오리/선/ 동사 rayar(선을 긋다)	racha	돌풍/동사 rachar (세로로 자르다)
hoyo	hoya(구멍)보다 작은 구멍/곰보/ 동사 hoyar (구멍을 파다)	ocho	(숫자)8/동사 ochar (노리다/ 부추기다)
sayo	가운/작업복	sacho	제초기/동사 sachar (제초하다)
poyo	입구나 현관 벽에 붙어 있는 벤치	pocho	퇴색한/썩은/땅딸막한

자음연습 [ĵ]/[ɲ] ejercicios de las consonantes [ĵ]/[ɲ]

■ cayada	cañada
■ ayo	año
■ maya	maña
■ saya	saña
■ huya	uña
■ bayo	baño
■ cuyo	cuño

cayada	목동의 지팡이	cañada	골짜기/목축의 이동 경로
ayo	양육/양육자	año	(시간)년/해
maya	(식물)데이지/마야족	maña	솜씨/술책
saya	치마/두루마기	saña	원한을 품은 분노
huya	동사 huir(도망치다)	uña	손톱/발톱/동사 uñir (멍에에 매다)
bayo	누르스름한/누에나방	baño	목욕/동사 bañar(적시다)
cuyo	(문법:관계형용사) -의	cuño	(화폐)각인/틀

*'el cual'과 'los cuales'를 제외한 모든 관계사에는 강세가 오지 않는다.

자음연습 [ʝ]/[ʎ] ejercicios de las consonantes [ʝ]/[ʎ]

■ hoya	olla
■ poyo	pollo
■ rayar	rallar
■ maya	malla
■ haya	halla
■ gayo	gallo
■ huya	hulla

hoya	구멍/동사 hoyar (구멍을 파다)	olla	냄비
poyo	입구나 현관 벽에 붙어 있는 벤치	pollo	병아리
rayar	(동사)선을 긋다	rallar	(동사)강판에 갈다
maya	(식물)데이지/마야족	malla	그물이나 뜨개질의 코/ 동사 mallar(그물에 걸리다)
haya	너도밤나무/동사 haber (-에 있다)	halla	동사 hallar(찾아내다)
gayo	경쾌한/동사 gayar (줄무늬를 만들다)	gallo	수탉
huya	동사 huir(도망치다)	hulla	석탄

자음연습 [c]/[p]　ejercicios de las consonantes [c]/[p]

- chapa　papa
- chico　pico
- choza　poza
- chillar　pillar
- chino　pino
- choca　poca
- chata　pata

chapa	얇은 판자/삿갓조개/ 동사 chapar(얇은 판을 대다/ 도금하다)	papa	풍문/교황/감자
chico	작은/남자 어린이	pico	부리/뾰족한 끝/산봉우리/ 조금
choza	오두막	poza	웅덩이
chillar	(동사)찌익 소리가 나다	pillar	(동사)약탈하다
chino	중국의/중국인 남자/중국어	pino	깎아지른/소나무
choca	동사 chocar(부딪치다)	poca	poco(조금의)의 여성형/ (문법:대명사)조금
chata	chato(코가 납작한/코가 납작한 남자)의 여성형	pata	(동물)발

자음연습 [c]/[t] ejercicios de las consonantes [c]/[t]

- pecho   peto
- chapa   tapa
- racha   rata
- corcho   corto
- cacho   cato
- pincho   pinto
- mocha   mota

pecho	가슴/세금/동사 pechar(세금을 납부하다)	peto	가슴받이/동사 petar (기쁘게 하다)
chapa	얇은 판자/삿갓조개/동사 chapar(얇은 판을 대다/도금하다)	tapa	덮개/안주/동사 tapar (덮개를 하다/은폐하다)
racha	돌풍/동사 rachar (세로로 자르다)	rata	큰 쥐/암쥐
corcho	코르크	corto	짧은/동사 cortar(자르다)
cacho	밑으로 향한/동사 cachar (나무를 결대로 쪼개다/뿔로 받다/공 등을 받다)	cato	(약)아카시아 추출액/볼리비아 등지에서의 농경지 단위/동사 catar(독이 있나 먹어 보다)
pincho	바늘/꼬챙이/동사 pinchar (찌르다)	pinto	얼룩의/동사 pintar(칠하다)
mocha	머리를 숙이는 절/mocho(뿔이 없는)의 여성형/동사 mochar (박치기를 시키다)	mota	(직물)매듭/작은 흠/작은 언덕/짧은 곱슬머리

자음연습 [c]/[k]　ejercicios de las consonantes [c]/[k]

- choto　coto
- pecho　peco
- marcha　marca
- hecho　eco
- hacha　haca
- chepa　quepa
- tacho　taco

choto	송아지/새끼 산양	coto	경계/경계석
pecho	가슴/세금/동사 pechar (세금을 납부하다)	peco	동사 pecar(죄를 짓다)
marcha	걷기/진행/행진곡/ 동사 marchar(가다/행진하다)	marca	표시/상표/동사 marcar (표시하다)
hecho	일/업적/동사 hacer(만들다)의 과거분사형	eco	반향/산울림
hacha	도끼/동사 hachar (도끼로 치다)	haca	조랑말
chepa	곱사등이의 등	quepa	동사 caber(들어 맞다/ 용량이 되다)
tacho	둥근 남비/동사 tachar (흠을 잡다/ 지우다)	taco	둥근 것/당구의 큐/욕/ (멕시코)옥수수 전병

자음연습 [c]/[ɲ] ejercicios de las consonantes [c]/[ɲ]

- hucha uña
- cacho caño
- lecho leño
- pichón piñón
- bicha viña
- acecha aceña
- tacho taño

hucha	궤/저금통	uña	손톱/발톱/동사 uñir (멍에에 매다)
cacho	밑으로 향한/동사 cachar (나무를 결대로 쪼개다/뿔로 받다/공 등을 받다)	caño	관/수로
lecho	잠을 자는 곳/층	leño	통나무/동사 leñar(나무하다)
pichón	새끼 비둘기/귀여운 남자 아이	piñón	솔방울/큰 톱니바퀴에 붙어 있는 작은 톱니바퀴
bicha	주술인들 사이에서 culebra(뱀)을 일컫는 말/건축에서 반인반수 모양	viña	포도밭
acecha	동사 acechar(관찰하다)	aceña	물레방아
tacho	둥근 남비/동사 tachar (흠을 잡다/ 지우다)	taño	가죽의 무두질에 쓰는 나무껍질/동사 tañer (연주하다)

자음연습 [m]/[n] ejercicios de las consonantes [m]/[n]

- muevo nuevo
- loma lona
- rama rana
- cama cana
- como cono
- mamar manar
- limo lino
- termo terno
- timo tino

muevo	동사 mover(움직이다)	nuevo	새로운
loma	언덕	lona	천막/천막천
rama	(나무)가지	rana	개구리
cama	침대	cana	백발
como	-과 같은/-으로서/(문법:관계부사) - 방법으로/대강/-까닭으로/동사 comer(먹다)	cono	솔방울/원추(형)
mamar	(동사)젖을 빨다	manar	(동사)뿜어 나오다
limo	진흙/동사 limar(금속을 닦아 윤이 나게 만들다)	lino	린넨
termo	보온병	terno	세 짝(으로 된 것)
timo	속임수/동사 timar(속이다)	tino	적중/(식물)산수유나무

* 'como'가 접속사나 관계부사로 쓰일 경우에는 강세가 오지 않는다.

자음연습 [m]/[ɲ] ejercicios de las consonantes [m]/[ɲ]

- cama caña
- amo año
- lema leña
- dama daña
- rima riña
- tima tiña
- lama laña
- mama maña
- mimo Miño

cama	침대	caña	속이 빈 줄기/사탕수수/생맥주잔/생맥주 한 잔/낚싯대/갱도
amo	주인/동사 amar(사랑하다)	año	(시간)년/해
lema	표어/논제	leña	장작
dama	숙녀	daña	동사 dañar(해치다)
rima	운율/동사 rimar(시를 짓다/운율을 맞추다)	riña	싸움/동사 reñir(싸우다)
tima	동사 timar(사취하다)	tiña	동사 teñir(물들이다)
lama	(종교)라마교/진흙	laña	꺾쇠/동사 lañar (꺾쇠로 잠그다)
mama	(동물)유방/동사 mamar (젖을 빨다)	maña	솜씨/술책
mimo	그리이스·로마의 풍자극/응석 받아주기/동사 mimar (응석을 받아주다)	Miño	스페인 Coruña 지방도시 이름

자음연습 [n]/[ɲ] ejercicios de las consonantes [n]/[ɲ]

▪ sonar	soñar
▪ cana	caña
▪ pena	peña
▪ una	uña
▪ Sena	seña
▪ lino	liño
▪ tino	tiño
▪ sana	saña
▪ mono	moño

sonar	(동사)소리나다	soñar	(동사)꿈꾸다
cana	백발	caña	속이 빈 줄기/ 사탕수수/ 생맥주잔/ 생맥주 한 잔/ 낚싯대/갱도
pena	고통/동사 penar(벌하다)	peña	바위/모임
una	uno(하나의)의 여성형	uña	손톱/발톱/동사 uñir (멍에에 매다)
Sena	프랑스의 강 이름	seña	표시/낌새/신호
lino	린넨	liño	가로수
tino	적중/(식물)산수유나무	tiño	동사 teñir(물들이다)
sana	sano(건강한)의 여성형	saña	원한을 품은 분노
mono	귀여운/수컷 원숭이	moño	상투/(머리모양)쪽

자음연습 [ɲ]/[n+j] ejercicios de las consonantes [ɲ]/[n+j]

- Miño minio
- huraño uranio
- caña cania
- de moño demonio

Miño	스페인의 강 이름	minio	(광물)적연
huraño	대인 기피증의(사람)	uranio	천체의/우라늄
caña	속이 빈 줄기/ 사탕수수/ 생맥주잔/ 생맥주 한 잔/ 낚싯대/갱도	cania	쐐기풀
de moño	moño(상투/(머리모양)쪽)의	demonio	악마/빌어먹을!

자음연습 [ʎ]/[l] ejercicios de las consonantes [ʎ]/[l]

■ pollo	polo
■ bello	velo
■ malla	mala
■ valla	bala
■ valle	vale
■ callo	calo
■ hallas	alas
■ talla	tala
■ rallo	ralo

pollo	병아리	polo	극(polo ártico:북극/ polo antártico:남극)/ 폴로 경기
bella	bello(아름다운)의 여성형	vela	베일/동사 velar(밤샘을 하다)
malla	그물이나 뜨개질의 코/ 동사 mallar(그물에 걸리다)	mala	malo(나쁜)의 여성형
valla	담장/허들 경기/ 동사 vallar(담을 하다)	bala	총알
valle	계곡	vale	물품 인수증/지불어음/좋아!/ 동사 valer(가치가 있다)
callo	티눈/동사 callar (말을 않고 두다)	calo	동사 calar(물 등이 스며들다)
hallas	동사 hallar(찾아내다)	alas	ala(날개)의 복수형
talla	신장/조각/보석금/동사 tallar (조각하다/키를 재다)	tala	벌채/동사 talar(벌채하다)
rallo	강판/동사 rallar(강판에 갈다)	ralo	드문드문한

자음연습 [ʎ]/[r]　　ejercicios de las consonantes [ʎ]/[r]

■ pella	pera
■ pollo	poro
■ valla	vara
■ halla	ara
■ milla	mira
■ olla	ora
■ ralla	rara
■ bollo	boro
■ callo	caro

pella	둥글게 뭉쳐져 있는 것/ 돼지의 비계	pera	(과일)배/카이제르 수염
pollo	병아리	poro	모공
valla	담장/허들 경기/ 동사 vallar(담을 하다)	vara	회초리/권위/길이의 단위(835.9mm)/ 동사 varar(좌초하다)
halla	동사 hallar(찾아내다)	ara	제단/동사 arar(밭을 갈다)
milla	마일	mira	보는 일/망루/ 동사 mirar(보다)
olla	냄비	ora	(문법:접속사) -거나 -거나/ 동사 orar(연설하다/기도하다)
ralla	동사 rallar(강판에 갈다)	rara	작물에 해를 끼치는 남미산 새/ raro(드문)의 여성형
bollo	케이크 등 양과류	boro	붕소
callo	티눈/동사 callar (말을 않고 두다)	caro	비싼

* 'ora'가 접속사로 쓰일 경우에는 강세가 오지 않는다.

자음연습 [ʎ]/[r̄]   ejercicios de las consonantes [ʎ]/[r̄]

▪ valla	barra
▪ milla	mirra
▪ valle	barre
▪ callo	carro
▪ hallas	arras
▪ llama	rama
▪ llana	rana
▪ lluvia	rubia
▪ bello	berro

valla	담장/허들 경기/ 동사 vallar(담을 하다)	barra	작대기/악보의 소절 분선/ 방청인
milla	마일	mirra	(약)몰약
valle	계곡	barre	동사 barrer(쓸다)
callo	티눈/동사 callar (말을 않고 두다)	carro	차량/수레
hallas	동사 hallar(찾아내다)	arras	착수금
llama	불꽃/(동물)야마/ 동사 llamar(부르다)	rama	(나무)가지
llana	흙손/llano(판판한)의 여성형	rana	개구리
lluvia	(기상)비	rubia	(식물)꼭두서니/ rubio(금발의)의 여성형
bello	아름다운	berro	(식물)네덜란드 겨자

자음연습 [ʎ]/[ɲ] ejercicios de las consonantes [ʎ]/[ɲ]

- pilla piña
- pella peña
- calla caña
- villa viña
- malla maña
- hulla uña
- callo caño
- callada cañada
- hallo año

pilla	pillo(교활한)의 여성형/ 동사 pillar(약탈하다)	piña	솔방울/파인애플
pella	둥글게 뭉쳐져 있는 것/ 돼지의 비계	peña	바위/모임
calla	동사 callar(말을 않고 두다)	caña	속이 빈 줄기/사탕수수/ 생맥주잔/생맥주 한 잔/ 낚싯대/갱도
villa	마을	viña	포도밭
malla	그물이나 뜨개질의 코/ 동사 mallar(그물에 걸리다)	maña	솜씨/술책
hulla	석탄	uña	손톱/발톱/동사 uñir (멍에에 매다)
callo	티눈/동사 callar (말을 않고 두다)	caño	관/수로
callada	무언/callado(동사 callar(말을 않고 두다)의 과거분사형)의 여성형	cañada	골짜기/목축의 이동 경로
hallo	동사 hallar(찾아내다)	año	(시간)년/해

자음연습 [l]/[r] ejercicios de las consonantes [l]/[r]

- polo poro
- pelo pero
- celo cero
- pala para
- ala ara
- tila tira
- toldo tordo
- tala tara
- mulo muro
- bala vara

polo	극(polo ártico:북극/ polo antártico:남극)/ 폴로 경기	poro	모공
pelo	머리카락	pero	그러나
celo	열심/질투	cero	(숫자)0
pala	삽	para	(전치사)위하여/ 동사 parar(정지하다)
ala	날개	ara	제단/동사 arar(밭을 갈다)
tila	참피나무(tilo)	tira	쪼가리/동사 tirar (던지다/당기다/쏘다)
toldo	천막	tordo	(새)개동지바퀴/회색의
tala	벌채/동사 talar(벌채하다)	tara	용기의 중량/동사 tarar (포장의 무게를 달다)
mulo	노새	muro	흙담/성벽
bala	총알	vara	회초리/권위/길이의 단위(835.9mm)/ 동사 varar(좌초하다)

* 'pero'는 접속사이므로 강세가 오지 않는다.
* 'para'가 전치사로 쓰인 경우 강세가 오지 않는다.

자음연습 [l]/[r̄] ejercicios de las consonantes [l]/[r̄]

▪ pelo	perro
▪ calo	carro
▪ pala	parra
▪ alas	arras
▪ óleo	hórreo
▪ celo	cerro
▪ polo	porro
▪ caleta	carreta
▪ cola	corra
▪ lavo	rabo

pelo	머리카락	perro	고약한/개
calo	동사 calar (물 등이 스며들다)	carro	차량/수레
pala	삽	parra	포도 덩굴
alas	ala(날개)의 복수형	arras	착수금
óleo	기름	hórreo	곡창
celo	열심/질투	cerro	언덕
polo	극(polo ártico:북극/ polo antártico:남극)/ 폴로 경기	porro	파의 일종/어리석은
caleta	후미	carreta	달구지
cola	꼬리/순번을 기다리는 줄/아교/ 콜라나무/ 동사 colar(여과하다)	corra	동사 correr(달리다)
lavo	동사 lavar(씻다)	rabo	꼬리

자음연습 [r]/[r̄] ejercicios de las consonantes [r]/[r̄]

- coro corro
- caro carro
- coral corral
- foro forro
- cero cerro
- pera perra
- carera carrera
- ahora ahorra
- careta carreta
- mira mirra

coro	합창(단)	corro	군중/동사 correr(달리다)
caro	비싼	carro	차량/수레
coral	합창의/산호	corral	가축 우리/노천극장
foro	중앙광장/법정	forro	안감 대기/동사 forrar (안감을 대다)
cero	(숫자)0	cerro	언덕
pera	(과일)배	perra	암캐/perro(고약한)의 여성형/ (속어)화폐
carera	carero(비싸게 파는 사람)의 여성형	carrera	경주/궤도/경력
ahora	지금	ahorra	동사 ahorrar (절약하다/저축하다)
careta	마스크/가면	carreta	달구지
mira	보는 일/망루/ 동사 mirar(보다)	mirra	(약)몰약

◈ 강세에 따라 뜻이 달라지므로 강세의 위치에 유의해야 한다.

término 종국/용어
termino 동사 terminar(나는 -을 끝낸다)
terminó 동사 terminar(그/그녀는 -을 끝냈다)

célebre 유명한
celebre 동사 celebrar(접속법)
celebré 동사 celebrar(나는 -을 축하했다)

límite 경계/한계
limite 동사 limitar(접속법)
limité 동사 limitar(나는 -에 한계를 지었다)

depósito 공탁(금)/예금
deposito 동사 depositar(나는 -을 예금한다)
depositó 동사 depositar(그/그녀는 -을 예금했다)

ánimo 활력/힘내!
animo 동사 animar(나는 -에 활력을 돋운다)
animó 동사 animar(그/그녀는 -에 활력을 돋웠다)

hábito 승려복/습관
habito 동사 habitar(나는 -에 거주한다)
habitó 동사 habitar(그/그녀는 -에 거주했다)

estímulo 자극/격려
estimulo 동사 estimular(나는 -을 자극한다)
estimuló 동사 estimular(그/그녀는 -을 자극했다)

árbitro 중재자/심판
arbitro 동사 arbitrar(나는 -을 중재한다)
arbitró 동사 arbitrar(그/그녀는 -을 중재했다)

libro 책
libró 동사 librar(그/그녀는 -을 구해주었다)

llamo 동사 llamar(나는 -을 부른다)
llamó 동사 llamar(그/그녀는 -을 불렀다)

vera 가장자리/곁
verá 동사 ver(그/그녀는 -을 볼 것이다)

peso 무게
pesó 동사 pesar(그/그녀는 -의 무게를 달았다)

calle 거리
callé 동사 callar(나는 -을 조용히 시켰다)

canto 노래/동사 cantar(나는 노래를 부른다)
cantó 동사 cantar(그/그녀는 노래를 불렀다)

rezo 기도/동사 rezar(나는 -을 기도한다)
rezó 동사 rezar(그/그녀는 -을 기도했다)

표현문법 Gramática con las Expresiones

1. 의문대명사 qué, 지시대명사 중성형, 불특정관사

1 이것은 무엇입니까?
¿Qué es esto?

그것은 공책입니다.
Eso es un cuaderno.

2 그것은 무엇입니까?
¿Qué es eso?

이것은 볼펜입니다.
Esto es un bolígrafo.

3 저것은 무엇입니까?
¿Qué es aquello?

저것은 테이블입니다.
Aquello es una mesa.

4 이것은 무엇입니까?
¿Qué es esto?

그것은 의자입니다.
Eso es una silla.

5 그것은 무엇입니까?
¿Qué es eso?

이것은 연필입니다.
Esto es un lápiz.

6 저것은 무엇입니까?
¿Qué es aquello?

저것은 컴퓨터입니다.
Aquello es un ordenador.

2. 명사의 성과 수

1 까를로스는 무엇을 하는 사람입니까?
¿Qué es Carlos?

까를로스는 교수입니다.
Carlos es profesor.

2 이사벨은 무엇을 하는 사람입니까?
¿Qué es Isabel?

이사벨은 교수입니다.
Isabel es profesora.

3 후안은 무엇을 합니까?
¿Qué es Juan?

후안은 피아니스트입니다.
Juan es pianista.

4 마리아는 무엇을 합니까?
¿Qué es María?

마리아도 역시 피아니스트입니다.
María es pianista, también.

5 당신들은 무엇을 합니까?
¿Qué son ustedes?

우리들은 변호사들입니다.
Nosotros somos abogados.

6 너희들은 무엇을 하니?
¿Qué sois vosotros?

우리들은 학생이야.
Nosotros somos estudiantes.

3. 인칭대명사주격, 의문문, 형용사의 어미탈락

1 당신은 의사입니까?
¿Es usted médico?

예, 저는 좋은 의사입니다.
Sí, soy un buen médico.

2 까를로스는 요리사입니까?
¿Es Carlos cocinero?

아니요, 마리아가 요리사입니다.
No, María es cocinera.

3 떼레사는 가수입니까?
¿Es Teresa cantante?

예, 그녀는 훌륭한 가수입니다.
Sí, ella es una buena cantante.

4 너는 식당 종업원이니?
¿Eres tú camarero?

아니요, 저는 학생입니다.
No, soy estudiante.

그러나 오늘은 식당종업원을 하고 있습니다.
Pero, hoy estoy de camarero.

5 당신이 마리아 맞지요?
Usted es María, ¿verdad?

예, 접니다.
Sí, soy yo.

4. 의문대명사 quién, 이름, 특정관사축약, 접속사 y

1 누구십니까?
¿Quién es?

접니다.
Soy yo.

2 그는 누구입니까?
¿Quién es él?

그는 호세입니다.
Él es José.

3 너희들은 누구니?
¿Quiénes sois vosotros?

우리들은 김교수님 제자들입니다.
Somos alumnos del profesor Kim.

4 그들은 누구입니까?
¿Quiénes son ellos?

그들은 호세와 하이메입니다.
Ellos son José y Jaime.

5 너는 누구니?
¿Quién eres tú?

저는 김씨 아들입니다.
Yo soy hijo del señor Kim.

6 마리아는 누구입니까?
¿Quién es María?

마리아는 까르멘의 자매입니다.
María es hermana de Carmen.

5. 국명과 형용사

1 그녀는 스페인사람입니까?
¿Es ella española?

예, 그녀는 스페인사람입니다.
Sí, ella es española.

2 당신들은 이탈리아사람들입니까?
¿Son ustedes italianos?

아니요, 우리들은 프랑스사람들입니다.
No, somos franceses.

3 너희들은 일본사람들이니?
¿Sois vosotros japoneses?

아니요, 우리들은 중국사람들입니다.
No, somos chinos.

4 너는 프랑스사람이니?
¿Eres tú francés?

예, 저는 프랑스사람입니다.
Sí, soy francés.

5 마리아는 과테말라사람입니까?
¿Es María guatemalteca?

아니요, 마리아는 코스타리카사람입니다.
No, María es costarricense.

6 호세는 미국사람입니까?
¿Es José estadounidense?

예, 호세는 미국사람입니다.
Sí, José es estadounidense.

6. 동사 ser

1 너는 어디 사람이니?
¿De dónde eres tú?

저는 프랑스사람입니다.
Soy de Francia.
Soy francés.

2 당신은 어느 나라 사람입니까?
¿De qué país es usted?

저는 칠레사람입니다.
Soy de Chile.
Soy chileno.

3 당신은 국적이 어디입니까?
¿De qué nacionalidad es usted?

저는 브라질 국적입니다.
Soy de nacionalidad brasileña.
Soy de Brasil.
Soy brasileño.

4 당신은 한국사람입니까?
¿Es usted coreano?

예, 저는 대한민국사람입니다.
Sí, soy de la República de Corea.

예, 저는 남한사람입니다.
Sí, soy de Corea del Sur.
Sí, soy surcoreano.

7. 의문부사 dónde, 동사 estar

1 당신은 어디에 계십니까?
¿Dónde está usted?

대학교에 있습니다.
Estoy en la universidad.

2 마르가리따는 어디에 있습니까?
¿Dónde está Margarita?

그녀는 시장에 있습니다.
Ella está en el mercado.

3 시장은 어디에 있습니까?
¿Dónde está el mercado?

시장은 집 근처에 있습니다.
El mercado está cerca de la casa.

4 쁘라도 박물관은 아직 멉니까?
¿Está lejos todavía el Museo del Prado?

아니요, 바로 여기입니다.
No, está aquí mismo.

5 스페인은 어디에 있습니까?
¿Dónde está España?

유럽의 남쪽에 있습니다.
Está en el sur de Europa.

그리고 포르투갈 옆에 있습니다.
Y está al lado de Portugal.

8. 의문부사 cómo

1 잘 있었니?
¿Cómo estás tú?

좋아, 고마워. 그런데 너는?
Bien, gracias. ¿Y tú?

2 잘 있었니?
¿Qué tal estás?

그저 그래.
Así, así.

3 그는 어떤 사람이니?
¿Cómo es él?

키가 크고 잘생겼어.
Es alto y guapo.

4 그녀는 어떤 사람이니?
¿Cómo es ella?

키가 작고 뚱뚱해.
Es baja y gorda.

5 나 어때?
¿Cómo me ves?

아주 좋아 보여.
Te veo muy bien.

6 그녀는 잘 있니?
¿Cómo está ella?

그녀는 병이 났어.
Está enferma.

9. 동사 hablar, 소유형용사 전치형, 불특정 대명사

1 당신은 프랑스어를 하십니까?
¿Habla usted francés?

예, 아주 조금 합니다.
Sí, lo hablo muy poco.

2 당신은 어느 나라 말을 하십니까?
¿Qué idioma habla usted?

영어를 합니다.
Hablo inglés.

3 얼만큼 하십니까?
¿Cómo lo habla?

완벽하게 합니다.
Lo hablo perfecto.

4 한국어로 말하고 싶습니까?
¿Quiere hablar en coreano?

아니요, 중국어로 말하고 싶습니다.
No, quiero hablar en chino.

5 왜 한국어로 말하길 원하십니까?
¿Por qué quiere hablar en coreano?

왜냐하면 나의 모국어이기 때문입니다.
Porque es mi lengua materna.

6 무엇에 대해 말씀하시는 겁니까?
¿De qué habla usted?

소설에 대해 말하고 있습니다.
Hablo de la novela.

10. 축소사

1 뭐 좀 마실래?
¿Quieres beber algo?

그래, 커피 한 잔 할께.
Sí, quiero un cafecito.

2 지금 나가고 싶으세요?
¿Quiere salir ahora?

아니요, 지금 말고 나중에요.
No, ahorita no, después.

3 너는 누구와 여행하고 싶니?
¿Con quién quieres viajar?

내 친구들이랑 여행하고 싶습니다.
Quiero viajar con mis amiguitos.

4 여보세요, 마리아 있나요?
¡Oiga! ¿Está María?

잠깐만요.
Un momentito.

5 조금만 맛보실래요?
¿Quiere probar algo?

아주 조금만 주세요.
Un poquito, por favor.

6 이것은 스페인어로 뭐라 합니까?
¿Qué quiere decir esto en español?
¿Cómo se dice esto en español?

이것은 스페인어로 '보까디요'라고 합니다.
Esto quiere decir 'bocadillo' en español.

11. hay의 표현

1 이 근처에 식당이 있습니까?
¿Hay un restaurante por aquí?

예, 왼쪽에 하나 있습니다.
Sí, hay uno a la izquierda.

2 이 근처에 미장원이 있습니까?
¿Hay una peluquería por aquí cerca?

예, 뒷편에 하나 있습니다.
Sí, hay una atrás.

3 이 근처에 바가 있습니까?
¿Hay un bar por aquí?

예, 정면에 하나 있습니다.
Sí, hay uno enfrente.

4 이 근처에 커피숍이 있습니까?
¿Hay una cafetería por aquí?

예, 많이 있습니다.
Sí, hay muchas.

5 이 근처에 시장이 있습니까?
¿Hay un mercado por aquí cerca?

아니요, 하나도 없습니다.
No, no hay ninguno.
No, ninguno hay.

그러나 백화점이 있습니다.
Pero, hay un almacén.

12. 불특정대명사

1 상자 안에는 무엇이 있습니까?
¿Qué hay en la caja?

여러 가지가 있습니다.
Hay varios.

2 아직 학교에는 학생들이 있습니까?
¿Todavía hay alumnos en la escuela?

아니요, 한 명도 없습니다.
No, no hay ninguno.
No, ninguno hay.

3 경기장에는 누가 있습니까?
¿Quiénes hay en el estadio?

운동선수들이 있습니다.
Hay deportistas.

구체적으로 누구입니까?
¿Quiénes son particularmente?

축구선수들입니다.
Son futbolistas.

4 무슨 일이야?
¿Qué hay?

특별한 일 아니야.
Nada de particular.

5 뭐 새로운 일 좀 있나?
¿Qué hay de nuevo?

새로운 일 없어.
Nada de nuevo.

13. 인칭대명사 전치사격, 지시형용사, 특정관사의 대명사적 용법

1 이 책은 누구의 것입니까?
¿De quién es este libro?

나의 아버지의 것입니다.
Es el de mi padre.

2 당신은 누구에게 화가 나 있습니까?
¿Con quién está enfadada usted?

내 형제에게 화가 나 있습니다.
Estoy enfadada con mis hermanos.

3 너는 누구를 기다리니?
¿A quién esperas?

너를 기다린다.
Te espero a ti

4 너는 누구와 말하고 있니?
¿Con quién hablas?

나 자신과 말하고 있다.
Hablo conmigo mismo.

5 집은 누구의 것입니까?
¿De quién es la casa?

우리 부모님의 것입니다.
Es la de mis padres.

6 누구랑 가니?
¿Con quién vas?

내 친구랑 간다.
Voy con mi amigo.

14. 간투사

1 기차는 어디에서 옵니까?
¿De dónde viene el tren?

기차는 마드리드에서 옵니다.
Pues, el tren viene de Madrid.

2 한강은 어디를 통해 흐릅니까?
¿Por dónde corre el río Han?

음… 서울을 통해 흐릅니다.
A ver, corre por la ciudad de Seúl.

3 너는 어디로 여행하고 싶니?
¿Por dónde quieres viajar?

저, 구대륙으로 여행하고 싶어요.
Pues, quiero viajar por el Viejo Continente.

4 이 버스는 어디까지 갑니까?
¿Hasta dónde llega este autobús?

아, 이 버스는 서울역까지 갑니다.
Ah, este autobús llega hasta la estación Seúl.

5 이 비행기는 어디를 향해 날아갑니까?
¿Hacia dónde vuela este avión?

마드리드 바라하스 공항까지요.
Ah, hacia el aeropuerto de Barajas de Madrid.

6 너는 어디 가니?
¿A dónde vas?

은행에 가.
Um, voy al banco.

15. 'lo + 형용사'의 추상명사화

1 유명한 것이 좋은 것입니까?
¿Lo famoso es lo bueno?

예, 그렇습니다.
Sí, lo es.

아니요, 그렇지 않습니다.
No, no lo es.

2 그것을 어떻게 원하니?
¿Cómo lo quieres?

따뜻한 것이 좋겠어.
Lo quiero caliente.

3 너희들은 마리아가 어디 사는지 아니?
¿Sabéis dónde vive María?

나는 몰라.
No lo sé.

나도 몰라.
Tampoco lo sé.
No lo sé tampoco.

4 쉬운 것이 유용한 것입니까?
¿Lo fácil es lo útil?

그렇게 생각합니다.
Ya lo creo.

5 아름다운 것이 좋은 것입니까?
¿Lo hermoso es lo bueno?

그렇게 생각하지 않습니다.
No lo creo.

16. '전치사 + 명사/형용사'의 부사적 용법

1 까르멘은 스페인어를 분명하게 말합니까?
¿Habla Carmen español con claridad?

예, 그것을 분명하게 말합니다.
Sí, lo habla claramente.

2 너는 그것을 진지하게 말하는 거니?
¿Lo hablas en serio?

예, 그것을 진지하게 말하는 겁니다.
Sí, lo hablo seriamente.

3 너는 불행하게도 우리와 함께 가지 못하네.
Por desgracia, no puedes venir con nosotros.

예, 불행하게도 그럴 수 없네요.
No, desgraciadamente no puedo.

4 호세는 조심스럽게 일합니까?
¿Trabaja José con cuidado?

예, 항상 조심스럽게 일합니다.
Sí, siempre trabaja cuidadosamente.

5 나에게 그것을 비밀리에 말하는 거니?
¿Me lo dices en secreto?

그래, 너와 나 사이에, 비밀리에.
Sí, entre tú y yo, secretamente.

6 너는 거기에 자주 가니?
¿Vas allí con frecuencia?

아니요, 자주 못 갑니다.
No, no puedo ir frecuentemente.

17. ser de ~: ~으로 되어있다

1 이 목걸이는 무엇으로 되어 있습니까?
¿De qué es este collar?

금으로 되어 있습니다.
Es de oro.

2 치즈는 무엇으로 만듭니까?
¿De qué se hace el queso?

우유로 만듭니다.
Se hace de leche.

3 브라우스는 무엇으로 되어 있습니까?
¿De qué es la blusa?

실크로 되어 있습니다.
Es de seda.

4 그 시계는 무엇으로 되어 있습니까?
¿De qué es ese reloj?

은으로 되어 있습니다.
Es de plata.

5 요구르트는 무엇으로 만듭니까?
¿De qué se hace el yogur?

우유로 만듭니다.
Se hace de leche.

6 시트는 무엇으로 되어 있습니까?
¿De qué es la sábana?

면으로 되어 있습니다.
Es de algodón.

18. 전치사 de

1 이 베개는 누구의 것입니까?
¿De quién es esta almohada?

때레사의 것입니다.
Es la de Teresa.

2 이 병들은 누구의 것입니까?
¿De quién son estas botellas?

나의 아버지의 것입니다.
Son las de mi padre.

3 그 코트는 누구의 것입니까?
¿De quién es ese abrigo?

나의 어머니의 것입니다.
Es el de mi madre.

4 그 구두들은 누구의 것입니까?
¿De quién son esos zapatos?

나의 이모들의 것입니다.
Son los de mis tías.

5 저 모자는 누구의 것입니까?
¿De quién es aquel sombrero?

나의 아저씨의 것입니다.
Es el de mi tío.

6 저 화장품들은 누구의 것입니까?
¿De quién son aquellos cosméticos?

나의 사촌들의 것입니다.
Son los de mis primas.

19. 색깔표현

1 이 아파트는 무슨 색깔입니까?
¿De qué color es este apartamento?

흰색입니다.
Es blanco.

2 저 별장들은 무슨 색깔입니까?
¿De qué color son aquellos chalés?

초록색입니다.
Son verdes.

3 현관은 무슨 색깔입니까?
¿De qué color es el zaguán?

노란색입니다.
Es amarillo.

4 문들은 무슨 색깔입니까?
¿De qué color son las puertas?

검은색입니다.
Son negras.

5 창들은 무슨 색깔입니까?
¿De qué color son las ventanas?

회색입니다.
Son grises.

6 장미는 무슨 색깔입니까?
¿De qué color son las rosas?

빨간색입니다.
Son rojas.

20. 시간표현, 숫자

1 몇 시입니까?
¿Qué horas son?

2시 정각입니다.
Son las dos en punto.

2 몇 시입니까?
¿Qué hora es?

1시 30분입니다.
Es la una y treinta.

1시 반입니다.
Es la una y media.

3 몇 시입니까?
¿Qué horas son?

2시 15분입니다.
Son las dos y cuarto.

4 몇 시입니까?
¿Qué hora es?

2시 15분 전입니다.
Son las dos menos cuarto.

5 몇 시니?(시계가 있니?)
¿Tienes hora?

예, 3시 20분입니다.
Sí, son las tres y veinte.

21. 의문대명사 cuánto

1 얼마입니까?
¿Cuántos son?

30유로입니다.
Son treinta euros.

2 얼마입니까?
¿Cuánto cuesta?

100달러입니다.
Son cien dólares.

3 얼마를 내야 합니까?
¿Cuánto pago?

천 원입니다.
Son mil wones.

4 얼마를 받으실 겁니까?
¿Cuánto cobra?

만 엔입니다.
Son diez mil yenes.

5 얼마입니까?
¿Cuánto vale?

200프랑입니다.
Son doscientos francos.

6 얼마입니까?
¿Cuántos son?

500리라입니다.
Son quinientas liras.

22. 동사 querer

1 무엇을 마실래?
¿Qué quieres beber?

스페인식 상그리아로 할게요.
Quiero sangría a la española.

2 무엇을 먹을래?
¿Qué quieres comer?

석쇠구이로 한 양고기를 먹을래요.
Quiero cordero a la parrilla.

3 너희들, 무엇을 먹을래?
¿Qué queréis tomar?

철판구이로 한 송아지고기를 먹을래요.
Queremos ternera a la plancha.

4 당신들, 무엇을 드시겠어요?
¿Qué quieren tomar ustedes?

스페인식 또르띠야를 먹겠어요.
Queremos tortilla a la española.

5 전채로 무엇을 먹을래?
¿De primero, qué quieres comer?

우선 바스크식 명태요리를 먹겠어요.
De primero, quiero merluza a la vasca.

6 주요리와 후식은?
¿De segundo y de postre?

구운 양고기와 아이스크림이요.
El cordero asado y un helado.

23. 의문부사 cuándo

1 네 사촌동생은 언제 오니?
¿Cuándo viene tu primo?

내 사촌동생은 이번 주말에 옵니다.
Mi primo viene este fin de semana.

2 네 조카들은 언제 오니?
¿Cuándo vienen tus sobrinos?

나의 조카들은 다음 주 일요일에 옵니다.
Mis sobrinos vienen el próximo domingo.

3 당신의 친구들은 언제 옵니까?
¿Cuándo vienen sus amigos?

나의 친구들은 오지 않습니다.
No vienen mis amigos.
Mis amigos no vienen.

4 그들의 친구는 언제 옵니까?
¿Cuándo viene su amigo?

그들의 친구는 이번 주 수요일에 옵니다.
Su amigo viene este miércoles.

5 그들의 친구들은 언제 옵니까?
¿Cuándo vienen sus amigos?

그들의 친구들은 이 달에 옵니다.
Sus amigos vienen este mes.

6 당신의 애인은 언제 옵니까?
¿Cuándo viene su novio?

나의 애인은 근일 옵니다.
Mi novio viene uno de estos días.

24. 날짜표현

1 오늘은 며칠입니까?
¿A cuántos estamos hoy?

2월 21일입니다.
Estamos a veintiuno de febrero.

2 오늘은 며칠입니까?
¿Qué fecha es hoy?

오늘은 3월 11일입니다.
Hoy es once de marzo.

3 오늘은 무슨 요일입니까?
¿Qué día es hoy?

오늘은 화요일입니다.
Hoy es martes.

4 당신의 형님은 언제 돌아옵니까?
¿Cuándo vuelve su hermano?

2일이나 3일에 돌아옵니다.
Vuelve el día dos ó tres.

5 너는 나이가 몇이니?
¿Cuántos años tienes?

18세입니다.
Tengo dieciocho años.

6 당신은 연세가 어떻게 되십니까?
¿Qué edad tiene usted?

40세입니다.
Tengo cuarenta.

25. 날씨표현

1 겨울에는 날씨가 어떻습니까?
¿Qué tiempo hace en invierno?

매우 춥습니다.
Hace mucho frío.

2 오늘 날씨가 어떻습니까?
¿Qué tiempo hace hoy?

오늘은 날씨가 아주 좋습니다.
Hoy hace buen tiempo.

3 한국의 날씨는 어떻습니까?
¿Cómo es el clima en Corea?

일반적으로 좋습니다.
Generalmente hace agradable.

한국의 날씨는 일반적으로 좋습니다.
Es agradable el clima en Corea.

4 춥니?
¿Tienes frío?

아니요, 안 춥습니다.
No, no tengo frío.

5 덥습니까?
¿Tiene calor?

예, 많이 덥습니다.
Sí, tengo mucho calor.

26. alguno/algún, ninguno/ningún

1 할 일이 있니?
¿Tienes algo que hacer?

아니오, 할 일이 아무것도 없습니다.
No, no tengo nada que hacer.

2 무슨 일이니?
¿Qué tienes?

어금니가 몇 개가 아픈데요.
Tengo dolor en algunas de las muelas.

3 이 그림 중 몇 개가 필요하니?
¿Necesitas algunas de estas pinturas?

아니오, 아무것도 필요 없습니다.
No, no necesito ninguna.

4 어떤 조언이 필요하니?
¿Necesitas algún consejo?
¿Necesitas algunos consejos?

아니오, 어떤 조언도 필요 없습니다.
No, no necesito ningún consejo.
No, no necesito ninguno.

5 이제 약간의 방법을 알겠니?
¿Ya sabes algunas maneras?

예, 이제 약간 알아요.
Sí, ya sé algunas.

6 오늘 저녁에 무슨 계획이 있니?
¿Tienes algún plan para esta tarde?

아니요, 아무 계획 없어요.
No, no tengo ningún plan.

27. 의문대명사 cuál, 소유형용사 후치형

1 어느 것이 당신의 목걸이입니까?
¿Cuál es su collar?

진주로 된 것이 제 것입니다.
El de perlas es mío.

2 어느 것이 당신의 귀걸이입니까?
¿Cuáles son sus pendientes?

다이아몬드로 된 것이 제 것입니다.
Los de diamantes son míos.

3 어느 것이 너의 팔찌이니?
¿Cuál es tu pulsera?

은으로 된 것이 제 것입니다.
La de plata es mía.

4 어느 것이 우리 우산이냐?
¿Cuáles son nuestras paraguas?

저 검은색이 우리 것입니다.
Esas negras son nuestras.

5 어느 것이 너희들 사진이니?
¿Cuáles son vuestras fotos?

저 노란 것들이 우리 것입니다.
Aquellas amarillas son nuestras.

6 어느 것이 내 가방입니까?
¿Cuál es mi cartera?

이 빨간색이 당신의 것입니다.
Esta roja es suya.

28. 지시대명사, 인칭대명사 간접목적격

1 이것(남성단수)이 당신에게 어떻습니까?
¿A usted qué le parece éste?

그것은 내 맘에 듭니다.
Me gusta ése. / A mí me gusta ése.

2 이것(여성단수)이 당신에게 어떻습니까?
¿Qué le parece ésta?

그것은 내 맘에 들지 않습니다.
A mí no me gusta ésa.
No me gusta ésa.

3 이것들(남성복수)이 당신에게 어떻습니까?
¿Qué le parecen éstos?

그것들은 내 맘에 듭니다.
Me gustan ésos. / A mí me gustan ésos.

4 이것들(여성복수)이 당신에게 어떻습니까?
¿Qué le parecen éstas?

그것들은 내 맘에 들지 않습니다.
No me gustan ésas. / A mí no me gustan ésas.

5 저것(남성단수)이 너에게 어떻니?
¿A ti qué te parece aquél?

저것은 내 맘에 들지 않습니다.
No me gusta aquél. / A mí no me gusta aquél.

6 저것들(남성복수)이 너에게 어떻니?
¿A ti qué te parecen aquéllos?

저것들은 내 맘에 들지 않습니다.
No me gustan aquéllos.
A mí no me gustan aquéllos.

29. 인칭대명사 간접목적격과 함께 쓰이는 동사들

1 우리에게 천원이 모자랍니까?
¿A nosotros nos faltan mil wones?

예, 우리에게 천원이 모자랍니다.
Sí, nos faltan mil wones.

2 그녀에게 20달러가 남아 있습니까?
¿A ella le sobran veinte dólares?

예, 그녀에게 20달러가 남아 있습니다.
Sí, le sobran veinte dólares.

3 너희들에게 방학까지 5일이 남아 있니?
¿Os quedan cinco días para las vacaciones?

예, 우리들에게 방학까지 5일이 남아 있습니다.
Sí, nos quedan cinco días para las vacaciones.

4 너에게 샌드위치가 구미에 당기니?
¿A ti te apetece un sandwich?

예, 나에게 샌드위치가 구미에 당깁니다.
Sí, me apetece un sandwich.

5 당신에게 햄이 소화가 잘 됩니까?
¿A usted le sienta bien el jamón?

예, 나에게 햄은 소화가 잘 됩니다.
Sí, me sienta bien el jamón.

6 그에게 여행하는 것이 매력이 있니?
¿A él le encanta viajar?

예, 그에게 여행하는 것은 매력이 있습니다.
Sí, le encanta viajar.

30. 동사 ir + a + 동사원형

1 나와 함께 산책하실래요?
¿Va a pasear conmigo?

기꺼이.
Con mucho gusto.

2 그들은 너와 함께 여행가니?
¿Van a viajar contigo?

모르겠어.
No lo sé.

3 너희들은 호세와 함께 놀거니?
¿Vais a jugar con José?

예, 그와 함께 놀겁니다.
Sí, vamos a jugar con él.

4 당신들은 누구와 함께 공부하실거예요?
¿Con quién van a estudiar?

우리들은 너희들과 함께 공부할거다.
Vamos a estudiar con vosotros.

5 그들은 누구와 함께 춤 것입니까?
¿Con quién van a bailar?

자기들끼리요.
Entre ellos.

6 넌 누구랑 잘거니?
¿Con quién vas a dormir?

나 혼자 잘 거야.
Voy a dormir solo.

31. tampoco

1 나는 더 이상 걸을 수 없어, 근데 너는?
No puedo andar más, ¿y tú?

나도 그래.
Tampoco yo.

2 그들은 더 이상 소비할 수 없어.
Ellos no pueden gastar más.

우리들도 그래.
Tampoco nosotros.

3 우리는 더 이상 내려갈 수 없어.
Nosotros no podemos bajar más.

나도 마찬가지야.
Tampoco yo.

4 당신들은 더 이상 올라갈 수 없어요.
Ustedes no pueden subir más.

호세도 마찬가지입니다.
Ni José tampoco.

5 나는 더 이상 수영할 수 없어.
Ya no puedo nadar más.

나도 그래.
Ni yo tampoco.

6 우리는 더 이상 가져갈 수 없어.
No podemos llevar más.

쟤들도 그래.
Tampoco ellos.

32. 동사원형

1 정시에 도착하는 것이 매우 어렵습니까?
¿Es de mucha dificultad llegar a tiempo?

그렇게 생각합니다.
Ya lo creo.

2 스페인어를 공부하는 것은 매우 유익합니까?
¿Es de mucho valor estudiar español?

그렇게 생각합니다.
Ya lo creo.

3 편지를 받는다는 것은 매우 기쁜 일입니까?
¿Es de mucha alegría recibir las cartas?

그렇게 생각합니다.
Ya lo creo.

4 잠깐 쉬는 것은 매우 중요한 일입니까?
¿Es de mucha importancia descansar un rato?

그렇게 생각하지 않습니다.
No lo creo.

5 아이들과 노는 것은 매우 조심스러운 일입니까?
¿Es de mucho cuidado jugar con los niños?

그렇게 생각하지 않습니다.
No lo creo.

6 빨리 끝내는 것은 매우 힘이 듭니까?
¿Es de mucho trabajo terminar pronto?

그렇게 생각하지 않습니다.
No lo creo.

33. 형용사 우등비교

1 장미가 국화보다 더 아름답습니까?
¿Es más bonita la rosa que la margarita?

예, 장미가 국화보다 더 아름답습니다.
Sí, la rosa es más bonita que la margarita.

2 카네이션이 양귀비보다 더 붉습니까?
¿Es más rojo el clavel que la amapola?

예, 카네이션이 양귀비보다 더 붉습니다.
Sí, el clavel es más rojo que la amapola.

3 백합이 해바라기보다 더 향기롭습니까?
¿Es más fragante la azucena que el girasol?

예, 백합이 해바라기보다 더 향기롭습니다.
Sí, la azucena es más fragante que el girasol.

4 열매가 씨보다 큽니까?
¿Es más grande el fruto que la semilla?

예, 열매가 씨보다 큽니다.
Sí, el fruto es más grande que la semilla.

5 레몬이 오렌지보다 더 십니까?
¿Es más ácido el limón que la naranja?

예, 레몬이 오렌지보다 더 십니다.
Sí, el limón es más ácido que la naranja.

6 배가 사과보다 큽니까?
¿Es más grande la pera que la manzana?

예, 배가 사과보다 큽니다.
Sí, la pera es más grande que la manzana.

34. 형용사 동등비교, 형용사 열등비교

1 호랑이는 사자만큼 무섭습니까?
¿Es tan miedoso el tigre como el león?

천만에요. 호랑이는 사자보다 덜 무섭습니다.
¡Qué va! El tigre es menos miedoso que el león.

2 앵무새는 뻐꾸기만큼 웁니까?
¿Es tan llorón el loro como el cuclillo?

천만에요. 앵무새는 뻐꾸기보다 덜 웁니다.
¡Qué va! El loro es menos llorón que el cuclillo.

3 독수리는 콘도르만큼 빠릅니까?
¿Es tan rápida el águila como el cóndor?

천만에요. 독수리는 콘도르보다 느립니다.
¡Qué va! El águila es menos rápida que el cóndor.

4 도마뱀이 뱀만큼 깁니까?
¿Es tan largo el lagarto como la serpiente?

천만에요. 도마뱀은 뱀보다 짧습니다.
¡Qué va! El lagarto es menos largo que la serpiente.

5 나비가 새만큼 빠릅니까?
¿Es tan rápida la mariposa como el ave?

천만에요. 나비는 새보다 느립니다.
¡Qué va! La mariposa es menos rápida que el ave.

6 얼룩말이 기린만큼 큽니까?
¿Es tan alta la cebra como la jirafa?

천만에요. 얼룩말은 기린보다 작습니다.
¡Qué va! La cebra es menos alta que la jirafa.

35. 형용사·부사 절대최상급

1 너는 아이스크림을 아주 좋아하지?
¿Te gusta tanto el helado?

예, 아주 많이요.
Sí, muchísimo.

2 당신은 쵸코렛을 아주 좋아하십니까?
¿Le gusta tanto el chocolate?

예, 아주 많이요.
Sí, muchísimo.

3 너희들은 단 것을 아주 좋아하지?
¿Os gustan tanto los dulces?

예, 아주 많이요.
Sí, muchísimo.

4 당신들은 축구를 아주 좋아하십니까?
¿Les gusta tanto jugar al fútbol?

아니요, 별로요.
No, no tanto.

5 너는 쇼핑하기를 아주 좋아하지?
¿Te gusta tanto ir de compras?

아니요, 나는 쇼핑하기를 별로 좋아하지 않습니다.
No, no me gusta tanto ir de compras.

6 너희들은 영화 보러 가는 것을 아주 좋아하지?
¿Os gusta tanto ir al cine?

아니요, 우리는 영화 보러 가는 것을 좋아하지 않습니다.
No, no nos gusta ir al cine.

36. 소유대명사, igual que/distinto de

1 내 치수가 네 것과 같니?
¿Es igual mi medida que la tuya?

아니, 네 치수는 내 것과 달라.
No, tu medida es distinta de la mía.

2 당신의 목도리는 내 것과 같습니까?
¿Es igual su bufanda que la mía?

예, 내 목도리는 당신의 것과 같습니다.
Sí, mi bufanda es igual que la suya.

3 내 사전들은 당신의 것과 같습니까?
¿Son iguales mis diccionarios que los suyos?

아니요, 내 사전들은 당신의 것과 다릅니다.
No, mis diccionarios son distintos de los suyos.

4 네 TV는 우리들의 것과 같니?
¿Es igual tu televisor que el nuestro?

예, 내 TV는 당신들의 것과 같습니다.
Sí, mi televisor es igual que el suyo.

5 당신들의 연장은 우리들의 것과 같습니까?
¿Es igual su herramienta que la nuestra?

아니요, 우리들의 연장은 당신들의 것과 다릅니다.
No, nuestra herramienta es distinta de la suya.

6 내 망원경은 너희들의 것과 같니?
¿Es igual mi telescopio que el vuestro?

아니, 네 망원경은 우리들의 것과 달라.
No, tu telescopio es distinto del nuestro.

37. 형용사 최상급

1 그들 중에서 누가 가장 키가 큽니까?
¿Quién es el más alto entre ellos?

하이메가 그들 중에서 가장 키가 큽니다.
Jaime es el más alto entre ellos.

2 그 여자들 중에서 누가 가장 뚱뚱합니까?
¿Quién es la más gorda entre ellas?

까르멘이 그 여자들 중에서 가장 뚱뚱합니다.
Carmen es la más gorda entre ellas.

3 반에서 누가 가장 똑똑합니까?
¿Quién es el más inteligente en la clase?

하이메가 반에서 가장 똑똑합니다.
Jaime es el más inteligente en la clase.

4 가족 중에 누가 가장 나이가 많습니까?
¿Quién es el mayor en la familia?

우리 할머니가 가장 나이가 많습니다.
Mi abuela es la mayor.

5 가족 중에 누가 가장 나이가 적습니까?
¿Quién es el menor en la familia?

내 여동생이 가장 나이가 적습니다.
Mi hermana es la menor.

6 네 친구들 중에서 누가 가장 공부를 열심히 하니?
¿Quién es el más estudioso entre tus amigos?

까를로스가 가장 열심히 해.
Carlos es el más estudioso.

38. 현재진행형

1

마리아는 부엌에서 무엇을 합니까?
¿Qué hace María en la cocina?

마리아는 음식을 준비하고 있습니다.
María está preparando la comida.

2

후안은 사무실에서 무엇을 합니까?
¿Qué hace Juan en la oficina?

후안은 답장을 쓰고 있습니다.
Juan está contestando las cartas.

3

마리아와 후안은 무엇을 하고 있습니까?
¿Qué están haciendo María y Juan?

그들은 거실에서 TV를 보고 있습니다.
Ellos están mirando la tele en la sala.

4

네 부모님은 무엇을 하고 계시니?
¿Qué están haciendo tus padres?

그들은 음악을 듣고 있습니다.
Ellos están escuchando la música.

5

당신의 친구들은 무엇을 하고 있습니까?
¿Qué están haciendo sus amigos?

그들은 빠에야를 먹고 있습니다.
Ellos están comiendo paellas.

6

너희 친구들은 체육관에서 무엇을 하니?
¿Qué hacen vuestros amigos en el gimnasio?

그들은 웨이트 트레이닝을 하고 있습니다.
Ellos están levantando peso.

39. 목적대명사의 어순, 직설법 불특정과거

1

교수님이 너에게 역사책을 가져다 주셨니?
¿Te trajo el prfesor el libro de la historia?

예, 교수님이 그것을 나에게 가져다 주셨습니다.
Sí, el profesor me lo trajo.

2

까를로스가 너에게 사진들을 보여주었니?
¿Te mostró Carlos las fotografías?

예, 까를로스가 나에게 그것들을 보여주었습니다.
Sí, Carlos me las mostró.

3

마리아가 너희들에게 수학을 가르쳐주었니?
¿Os enseñó María la matemática?

예, 마리아가 우리들에게 그것을 가르쳐주었습니다.
Sí, María nos la enseñó.

4

까를로스가 너에게 초콜렛을 사주었니?
¿Te compró Carlos los bombones?

예, 까를로스가 나에게 그것들을 사주었습니다.
Sí, Carlos me los compró.

5

마리아가 당신에게 돈을 빌려주었습니까?
¿Le prestó María el dinero?

예, 마리아가 나에게 그것을 빌려 주었습니다.
Sí, María me lo prestó.

6

까를로스가 당신들에게 약간의 선물을 보냈습니까?
¿Les mandó Carlos unos regalos?

예, 까를로스가 우리들에게 그것들을 보냈습니다.
Sí, Carlos nos los mandó.

40. 목적대명사의 어순

1 마리아가 인형을 자기 여동생에게 선물했습니까?
¿Regaló María la muñeca a su hermana?

예, 마리아가 그녀에게 그것을 선물했습니다.
Sí, María se la regaló.

2 까를로스가 집을 자기 친구에게 팔았습니까?
¿Vendió Carlos su casa a su amigo?

예, 까를로스가 그에게 그것을 팔았습니다.
Sí, Carlos se la vendió.

3 마리아가 사실을 변호사에게 고백했습니까?
¿Confesó María la verdad al abogado?

예, 마리아는 그에게 그것을 고백했습니다.
Sí, María se la confesó.

4 까를로스가 과자를 환자들에게 가져갔습니까?
¿Llevó Carlos las galletas a los enfermos?

아니오, 까를로스는 그들에게 그것들을 가져가지 않았습니다.
No, Carlos no se las llevó.

5 마리아가 소포를 자기 애인에게 보냈습니까?
¿Mandó María los paquetes a su novio?

아니오, 마리아는 그에게 그것들을 보내지 않았습니다.
No, María no se los mandó.

6 까를로스가 자동차를 자기 애인에게 사주었습니까?
¿Compró Carlos el coche a su novia?

아니오, 까를로스는 그녀에게 그것을 사주지 않았습니다.
No, Carlos no se lo compró.

41. 직설법 현재완료, 과거분사

1 당신은 연주회에 갔었습니까?
¿Ha ido al concierto?

아니오, 아직 연주회에 안 갔습니다.
No, aún no he ido al concierto.

2 너희들은 이미 점심을 먹었니?
¿Habéis almorzado ya?

아니오, 아직 점심을 먹지 않았습니다.
No, aún no hemos almorzado.

3 너는 숙제를 끝냈니?
¿Has terminado la tarea?

아니오, 아직 그것을 끝내지 않았습니다.
No, no la he terminado.

4 당신은 소설을 다 읽었습니까?
¿Ha leído toda la novela?

아니오, 아직 다 읽지 않았습니다.
No, no he leído toda.

5 가수들은 도착했습니까?
¿Han llegado los cantantes?

아니오, 아직 도착하지 않았습니다.
No, no han llegado todavía.

6 너는 약을 먹었니?
¿Has tomado las medicinas?

아니오, 아직 그것을 먹지 않았습니다.
No, aún no las he tomado.

42. 수동문

1 누가 두 번째 골을 넣었습니까?
¿Quién metió el segundo gol?

두 번째 골은 헨또에 의해 넣어졌습니다.
El segundo gol fue metido por Gento.

2 누가 은행 문을 열었습니까?
¿Quién abrió la puerta del banco?

은행문은 수위에 의해 열렸습니다.
La puerta del banco fue abierta por el portero.

3 누가 강도를 쫓아갔습니까?
¿Quién persiguió al ladrón?

강도는 경찰에 의해 쫓겼습니다.
El ladrón fue perseguido por el policía.

4 누가 가방들을 챙겼습니까?
¿Quién arregló las maletas?

가방들은 나의 부모님에 의해 챙겨졌습니다.
Las maletas fueron arregladas por mis padres.

5 누가 아이들을 벌주었습니까?
¿Quién castigaron a los niños?

아이들은 선생님들에 의해 벌받았습니다.
Los niños fueron castigados por los maestros.

6 누가 소설 'Niebla'를 썼습니까?
¿Quién escribió la novela 'Niebla'?

소설 'Niebla'는 Unamuno에 의해 쓰여졌습니다.
La novela 'Niebla' fue escrita por Unamuno.

43. 과거진행형, 직설법 불완료과거

1 내가 어제 전화했을 때 넌 무엇을 하고 있었니?
¿Qué hacías cuando te llamé ayer?

피아노를 치고 있었어.
Estaba tocando el piano.

2 우리가 여행을 가려고 할 때 너는 어디 있었니?
¿Dónde estuviste cuando íbamos de viaje?

차를 닦고 있었다.
Estaba limpiando el coche.

3 일요일이면 교회에 가곤 하셨습니까?
¿Solía ir a la iglesia los domingos?

예, 그러나 지난 주일에는 가지 않았습니다.
Sí, pero el domingo pasado no fui.

4 당신들이 시골에 있었을 때 무엇을 했습니까?
¿Qué hacían cuando estaban en el pueblo?

산책을 하거나 낚시를 가곤 하였습니다.
Paseábamos e íbamos a pescar.

5 너희들이 어렸을 때는 무엇을 했었니?
¿Qué hacíais cuando erais niños?

주로 놀았었다.
Por lo general jugábamos.

6 네가 20살 때 어디 있었니?
¿Dónde estabas cuando tenías veinte?

공부하면서 스페인에 있었다.
Estaba en España estudiando.

44. 복합현재분사 구문, 직설법 미래

1 언제 집 청소를 할까?
¿Cuándo limpiaremos la casa?

아침을 먹은 후에 집 청소를 할 거야.
Habiendo tomado el desayuno, limpiaremos la casa.

2 언제 식탁을 차릴 거야?
¿Cuándo pondremos la mesa?

초대한 사람들이 도착한 후에 식탁을 차릴 거야.
Habiendo llegado los invitados, pondremos la mesa.

3 언제 쇼핑하러 갈까?
¿Cuándo iremos de compras?

일을 마친 후에 쇼핑하러 갈 거야.
Habiendo terminado el trabajo, iremos de compras.

4 언제 회의를 할 거야?
¿Cuándo haremos la reunión?

사무실을 정리하고 난 후에 회의를 할 거야.
Habiendo arreglado el despacho, haremos la reunión.

5 언제 산책을 갈 거야?
¿Cuándo daremos un paseo?

낮잠을 잔 후에 산책을 갈 거야.
Habiendo tomado la siesta, daremos un paseo.

6 언제 샐러드를 만들까?
¿Cuándo haremos la ensalada?

양상치를 산 후에 샐러드를 만들 거야.
Habiendo comprado lechugas, haremos la ensalada.

45. 직설법 미래완료

1 언제까지 우리는 이 일을 끝내게 될까?
¿Para cuándo habremos terminado el trabajo?

크리스마스까지는 끝내게 될 것이다.
Lo habremos terminado para Navidad.

2 그가 축구복권에 당첨됐을까?
¿Habrá ganado las quinielas?

아마도.
Posiblemente.

3 언제 그들은 뉴욕에 도착하게 될까?
¿Cuándo habrán llegado a Nueva York?

모레는 도착하게 될 것입니다.
Habrán llegado pasado mañana.

4 그 시간이면 너는 저녁을 먹었겠지?
¿Habrás cenado a esa hora?

틀림없이.
Sin duda alguna.

5 그는 누구랑 함께 파티에 오게 될까?
¿Con quién habrá venido a la fiesta?

모르겠어.
Ni idea.

6 무엇 때문에 너희가 그 문제에 관여하게 될까?
¿Para qué habréis metido en ese asunto?

아무 이유 없는데.
Con ningún motivo.

46. 시간의 경과를 표현하는 'hace' 용법

1

당신은 언제부터 여기에 살고 계십니까?
¿Desde cuándo vive usted aquí?

2년 전부터 여기에 살고 있습니다.
Vivo aquí desde hace dos años.
Hace dos años que vivo aquí.

2

너는 언제부터 이 그림을 그리고 있니?
¿Desde cuándo dibujas esta pintura?

한 달 전부터 그것을 하고 있습니다.
Lo hago desde hace un mes.
Hace un mes que lo hago.

3

당신은 언제부터 서 있습니까?
¿Desde cuándo está de pie?

2시간 전부터 서 있습니다.
Estoy de pie desde hace dos horas.
Hace dos horas que estoy de pie.

4

너는 언제부터 그녀를 질투하고 있는 거니?
¿Desde cuándo la envidias?

오래 전부터 그녀를 질투하고 있습니다.
La envidio desde hace mucho tiempo.
Hace mucho tiempo que la envidio.

5

너는 언제부터 스페인을 떠나 있었니?
¿Desde cuándo estás fuera de España?

5년 전부터 스페인을 떠나 있습니다.
Estoy fuera de España desde hace cinco años.
Hace cinco años que estoy fuera de España.

47. algo와 nada의 다양한 표현

1 설탕통에 설탕이 조금 있습니까?
¿Hay algo de azúcar en la azucarera?

아니요, 설탕통에 설탕이 하나도 없습니다.
No, no hay nada de azúcar en la azucarera.

2 후추통에 후추가 조금 있습니까?
¿Hay algo de pimienta en el pimentero?

아니요, 후추통에 후추가 하나도 없습니다.
No, no hay nada de pimienta en el pimentero.

3 커피 주전자에 커피가 조금 있습니까?
¿Hay algo de café en la cafetera?

아니요, 커피 주전자에 커피가 하나도 없습니다.
No, no hay nada de café en la cafetera.

4 바구니에 귤이 조금 있습니까?
¿Hay algo de mandarinas en la cesta?

아니요, 바구니에 귤이 하나도 없습니다.
No, no hay nada de mandarinas en la cesta.

5 병에 포도주가 조금 있습니까?
¿Hay algo de vino en la botella?

아니요, 병에 포도주가 하나도 없습니다.
No, no hay nada de vino en la botella.

6 물 주전자에 물이 조금 있습니까?
¿Hay algo de agua en la jarra?

아니요, 물 주전자에 물이 하나도 없습니다.
No, no hay nada de agua en la jarra.

48. tú에 대한 긍정명령과 부정명령, 재귀동사와 재귀대명사

1 지금 이 차를 고쳐라.
Repara el coche ahora.

차라리 그것을 고치지 마라.
A lo mejor, no lo repares.

2 지금 이 편지들을 고쳐라.
Corrige las cartas ahora.

차라리 그것들을 고치지 마라.
A lo mejor, no las corrijas.

3 코트를 입어라.
Ponte el abrigo.

차라리 코트를 입지 마라.
A lo mejor, no te pongas el abrigo.

4 여기 앉아라.
Siéntate aquí.

차라리 여기 앉지 마라.
A lo mejor, no te sientes aquí.

5 그들에게 이것을 가르쳐라.
Enséñaselo.

차라리 그들에게 그것을 가르치지 마라.
A lo mejor, no se lo enseñes.

6 그녀에게 이것을 던져라.
Tíraselo.

차라리 그녀에게 그것을 던지지 마라.
A lo mejor, no se lo tires.

49. vosotros에 대한 긍정명령과 부정명령

1 너희들, 큰 소리로 웃어라.
Reíd en voz alta.

차라리 큰 소리로 웃지 마라.
A lo mejor, no riáis en voz alta.

2 너희들, 빨리 반복해라.
Repetid rápido.

차라리 빨리 반복하지 마라.
A lo mejor, no repitáis rápido.

3 너희들, 일찍 일어나라.
Levantaos temprano.

차라리 일찍 일어나지 마라.
A lo mejor, no os levantéis temprano.

4 너희들, 손을 씻어라.
Lavaos las manos.

차라리 손을 씻지 마라.
A lo mejor, no os lavéis las manos.

5 너희들, 서둘러라.
Apresuraos.

차라리 서두르지 마라.
A lo mejor, no os apresuréis.

6 너희들, 일찍 자라.
Acostaos temprano.

차라리 일찍 자지 마라.
A lo mejor, no os acostéis temprano.

50. vamos a + 동사원형, nosotros 청유문의 긍정적 표현과 부정적 표현

1 고려해 봅시다.
Vamos a considerar.

그럽시다. 고려해 봅시다.
¡Vale! Consideremos.

2 참여합시다.
Vamos a participar.

그럽시다. 참여합시다.
¡Vale! Participemos.

3 나갑시다.
Vamos a salir.

그럽시다. 나갑시다.
¡Vale! Salgamos.

4 일어납시다.
Vamos a levantarnos.

그럽시다. 일어납시다.
¡Vale! Levantémonos.

5 그것을 전달합시다.
Vamos a entregarlo.

아니오, 그것을 전달하지 맙시다.
No, no lo entreguemos.

6 헤어지자.
Vamos a despedirnos.

아니, 헤어지지 말자.
No, no nos despidamos.

51. usted과 ustedes에 대한 긍정명령과 부정명령

1 담배를 피워도 되겠습니까?
¿Puedo fumar?

물론입니다. 피우십시오.
Claro, fume.

2 들어가도 되겠습니까?
¿Puedo entrar?

물론입니다. 들어오십시오.
Claro, entre.

3 볼펜을 사용해도 되겠습니까?
¿Puedo usar el bolígrafo?

물론입니다, 그것을 사용하십시오.
Claro, úselo.

4 이 책을 마리아에게 주어도 되겠습니까?
¿Puedo dar este libro a María?

물론입니다. 그녀에게 그것을 주십시오.
Claro, déselo.

5 일어나도 되겠습니까?
¿Puedo levantarme?

아니오, 일어나지 마십시오.
No, no se levante.

6 움직여도 되겠습니까?
¿Puedo moverme?

아니오, 움직이지 마십시오.
No, no se mueva.

52. se 수동문

1 감자를 어디서 팝니까?
¿Dónde se venden las patatas?

감자는 시장에서 팝니다.
Se venden las patatas en el mercado.

2 빵은 어디서 팝니까?
¿Dónde se vende pan?

빵은 빵집에서 팝니다.
Se vende pan en la panadería.

3 꽃은 어디서 팝니까?
¿Dónde se venden las flores?

꽃은 꽃가게에서 팝니다.
Se venden las flores en la florería.

4 우유는 어디서 삽니까?
¿Dónde se compra leche?

우유는 우유가게에서 삽니다.
Se compra leche en la lechería.

5 고기는 어디서 삽니까?
¿Dónde se compra carne?

고기는 정육점에서 삽니다.
Se compra carne en la carnicería.

6 생선은 어디서 삽니까?
¿Dónde se compran los pescados?

생선은 생선가게에서 삽니다.
Se compran los pescados en la pescadería.

53. al + 동사원형, 인칭대명사 간접목적격과 함께 쓰인 수동문

1 영화관에서 나올 때 너에게 무슨 일이 있었니?
¿Qué te ocurrió al salir del cine?

영화관에서 나올 때 내 가방을 도둑맞았다.
Al salir del cine se me ha robado el bolso.

2 거리를 걸어갈 때 당신에게 무슨 일이 있었습니까?
¿Qué le ocurrió al pasar por la calle?

거리를 걸어갈 때 내 손수건이 떨어졌습니다.
Al pasar por la calle se me ha caído el pañuelo.

3 창문을 열었을 때 너희들에게 무슨 일이 있었니?
¿Qué os ocurrió al abrir la ventana?

창문을 열었을 때 우리들의 목도리가 떨어졌습니다.
Al abrir la ventana se nos han caído las bufandas.

4 바닷가를 산책할 때 당신들에게 무슨 일이 있었습니까?
¿Qué les pasó al pasear por la playa?

바닷가를 산책할 때 돈을 잃어버렸습니다.
Al pasear por la playa se nos ha perdido el dinero.

5 수영장에 들어갈 때 너에게 무슨 일이 있었니?
¿Qué te pasó al entrar en la piscina?

수영장에 들어갈 때 내 공을 놓쳐버렸습니다.
Al entrar en la piscina se me ha escapado la pelota.

6 공항에 도착했을 때 그들에게 무슨 일이 있었습니까?
¿Qué les pasó al llegar al aeropuerto?

공항에 도착했을 때 그들의 여권을 잃어버렸습니다.
Al llegar al aeropuerto se les han perdido los pasaportes.

54. hay que + 동사원형, 타동사의 재귀동사화

1 아이들을 일으켜야 한다.
Hay que levantar a los niños.

아이들은 7시에 일어난다.
Los niños se levantan a las siete.

2 장님들을 앉혀야 합니다.
Hay que sentar a los ciegos.

장님들은 자리에 앉는다.
Los ciegos se sientan.

3 노인들을 씻겨야 합니다.
Hay que duchar a los viejos.

노인들은 씻습니다.
Los viejos se duchan.

4 군인들을 통제해야 합니다.
Hay que dominar a los soldados.

군인들은 자제합니다.
Los soldados se dominan.

5 게으른 사람들은 깨워야 한다.
Hay que despertar a los perezosos.

게으름뱅이들은 깨어난다.
Los perezosos se despiertan.

6 도적들을 잡아야 한다.
Hay que detener a los ladrones.

도적들은 멈추어 선다.
Los ladrones se detienen.

55. 재귀동사화된 타동사가 목적어와 함께 쓰일 때

1

욕실에 누가 있습니까?
¿Hay alguien en el baño?

예, 까르멘이 손을 씻습니다.
Sí, Carmen se lava las manos.

2

욕실에 누가 있습니까?
¿Hay alguien en el baño?

예, 까르멘이 머리를 감습니다.
Sí, Carmen se lava el pelo.

3

욕실에 누가 있습니까?
¿Hay alguien en el baño?

예, 까르멘이 다리를 씻습니다.
Sí, Carmen se lava las piernas.

4

욕실에 누가 있습니까?
¿Hay alguien en el baño?

예, 까르멘이 귀를 씻습니다.
Sí, Carmen se lava las orejas.

5

욕실에 누가 있습니까?
¿Hay alguien en el baño?

예, 까르멘이 발을 씻습니다.
Sí, Carmen se lava los pies.

6

욕실에 누가 있습니까?
¿Hay alguien en el baño?

예, 까르멘이 팔을 씻습니다.
Sí, Carmen se lava los brazos.

56. se 무인칭 구문

1 호텔에서는 잠자는 것이 어떻습니까?
¿Qué tal se duerme en el hotel?

호텔에서는 편하게 잡니다.
En el hotel se duerme confortablemente.

2 도서관에서는 공부하는 것이 어떻습니까?
¿Qué tal se estudia en la biblioteca?

도서관에서는 조용하게 공부합니다.
En la biblioteca se estudia en silencio.

3 사무실에서는 일하는 것이 어떻습니까?
¿Qué tal se trabaja en la oficina?

사무실에서는 부지런히 일합니다.
En la oficina se trabaja con diligencia.

4 식당에서는 서비스가 어떻습니까?
¿Cómo se sirve en el restaurante?

식당에서는 친절하게 서비스합니다.
En el restaurante se sirve amablemente.

5 여행할 때는 지내는 것이 어떻습니까?
¿Cómo se pasa en el viaje?

여행할 때는 즐겁게 지냅니다.
En el viaje se pasa alegremente.

6 대사관에서 일하는 것은 어떻습니까?
¿Cómo se administra en la embajada?

대사관에서는 일을 열심히 합니다.
En la embajada se administra duramente.

57. 복수 3인칭으로 된 무인칭 구문

1 명동은 서울의 중심이라고 말합니까?
¿Dicen que Meongdong es el centro de Seúl?

예, 명동은 서울의 중심이라고 말합니다.
Sí, se dice que Meongdong es el centro de Seúl.

2 축구는 스페인의 국가운동이라고 말합니까?
¿Dicen que el fútbol es el deporte nacional de España?

예, 축구는 스페인의 국가운동이라고 말합니다.
Sí, se dice que el fútbol es el deporte nacional de España.

3 알프스가 유럽에서 가장 높은 산맥이라고 말합니까?
¿Dicen que los Alpes es la sierra más alta en Europa?

예, 알프스가 유럽에서 가장 높은 산맥이라고 말합니다.
Sí, se dice que los Alpes es la sierra más alta en Europa.

4 꼬시도는 마드리드 고유의 음식이라고 말합니까?
¿Dicen que el cocido es la comida típica de Madrid?

예, 꼬시도는 마드리드 고유의 음식이라고 말합니다.
Sí, se dice que el cocido es la comida típica de Madrid.

5 아리랑은 한국의 가장 대중적인 노래라고 말합니까?
¿Dicen que Arirang es la canción más popular en Corea?

예, 아리랑은 한국의 가장 대중적인 노래라고 말합니다.
Sí, se dice que Arirang es la canción más popular en Corea.

6 올리브는 스페인의 대표적인 생산품이라고 말합니까?
¿Dicen que la aceituna es el producto principal de España?

예, 올리브는 스페인의 대표적인 생산품이라고 말합니다.
Sí, se dice que la aceituna es el producto principal de España.

58. se 상호구문

1 후안과 마리아는 서로 편지합니까?
¿Se cartean Juan y María?

예, 서로서로 편지합니다.
Sí, se cartean uno a otro.

2 이사벨과 마리아는 서로 돕습니까?
¿Se ayudan Isabel y María?

예, 서로 돕습니다.
Sí, se ayudan una a otra.

3 까르멘과 호세는 서로 사랑합니까?
¿Se aman Carmen y José?

예, 서로 사랑합니다.
Sí, se aman uno a otro.

4 마리아와 너는 서로 충고하니?
¿Os aconsejáis María y tú?

예, 우리들은 서로 충고합니다.
Sí, nos aconsejamos mutuamente.

5 내 동생과 너는 서로 화가 났니?
¿Os enfadáis mi hermana y tú?

예, 우리들은 서로 화냅니다.
Sí, nos enfadamos mutuamente.

6 마리아와 까르멘은 서로 선물합니까?
¿Se regalan María y Carmen?

예, 서로서로 선물합니다.
Sí, se regalan mutuamente.

59. 관계대명사 que

1
내 여동생은 옷을 만든다.
Mi hermana hace el traje.

그 옷은 실크이다.
El traje es de seda.

내 여동생이 만드는 옷은 실크이다.
El traje que mi hermana hace es de seda.

2
안드레스는 펜을 잃어버렸다.
Andrés perdió la pluma.

그 펜은 책상 위에 있다.
La pluma está en la mesa.

안드레스가 잃어버린 펜은 책상 위에 있다.
La pluma que perdió Andrés está en la mesa.

3
나는 연필로 글을 쓴다.
Escribo con lápiz.

그 연필은 크리스탈로 되어 있다.
Es de cristal.

내가 글을 쓰는 연필은 크리스탈로 되어 있다.
El lápiz con que escribo es de cristal.

4
그는 자전거들을 샀다.
Él compró unas bicicletas.

그 자전거들은 자기 아이들을 위한 것이었다.
Las bicicletas eran para sus hijos.

그가 산 자전거들은 자기 아이들을 위한 것이었다.
Las bicicletas que compró él eran para sus hijos.

60. 관계대명사 quien

1 내 친구 앙헬은 사업가이다.
Mi amigo Ángel es negociante.

그는 파리에서 온다.
Él viene de París.

파리에서 오는 내 친구 앙헬은 사업가이다.
Mi amigo Ángel quien viene de París es negociante.

2 나는 예전 선생님을 우연히 만났다.
Me encontré con mi viejo maestro.

그는 영어를 가르쳤었다.
Él enseñaba inglés.

내가 우연히 만난 예전 선생님은 영어를 가르쳤었다.
Mi viejo maestro con quien me encontré enseñaba inglés.

3 아가씨들은 정원에 있습니다.
Las señoritas están en el jardín.

나는 그녀들에게 꽃을 주었습니다.
Yo les di las flores.

내가 꽃을 주었던 아가씨들은 정원에 있습니다.
Las señoritas a quienes di las flores están en el jardín.

4 나는 어떤 여자를 찾고 있습니다.
Estoy buscando a una mujer.

그 여자는 스페인어를 잘 합니다.
La mujer habla bien el español.

내가 찾고 있는 그 여자는 스페인어를 잘 합니다.
La mujer a quien estoy buscando habla bien el español.

61. 선행사 없이 사용되는 관계사 구문

1 기다리는 자는 실망한다.
Quien espera, desespera.
El que espera, desespera.

2 우리가 말하고 있던 사람은 바로 마르따였다.
Era Marta de quien hablábamos.
Era Marta de la que hablábamos.

3 크게 벌여 놓은 자는 실속이 없다.
Quien mucho abarca, poco aprieta.
El que mucho abarca, poco aprieta.

4 부장에게 불려갈 사람은 바로 그다.
Él es quien debe presentarse al director.
Él es el que debe presentarse al director.

5 나를 껴안은 사람들은 그들이었다.
Fueron ellos quienes me abrazaron.
Fueron ellos los que me abrazaron.

6 옳지 않은 사람들은 그녀들이다.
Son ellas quienes no llevan razón.
Son ellas las que no llevan razón.

62. 관계형용사 cuyo

1 어느 부인이 있었다.
Había una señora.

그 부인은 성격이 밝았다.
Era de carácter alegre.

성격이 밝은 어느 부인이 있었다.
Había una señora cuyo carácter era alegre.

2 나는 책을 한 권 샀다.
Compré un libro.

그 책은 아름다운 시들로 되어 있다.
Es con poemas bonitos.

나는 아름다운 시들로 되어 있는 책을 한 권 샀다.
Compré un libro cuyos poemas son bonitos.

3 그녀는 새 한 마리를 가지고 있다.
Ella tiene un pájaro.

그 새는 아름다운 목소리를 가지고 있다.
Es con voz bonita.

그녀에겐 아름다운 목소리를 가지고 있는 새 한 마리가 있다.
Ella tiene un pájaro cuya voz es bonita.

4 나에겐 삼촌 한 분이 계신다.
Tengo un tío.

그 분은 이성적인 사고를 한다.
Es de pensamiento lógico.

나는 이성적인 사고를 하는 삼촌이 한 분 계시다.
Tengo un tío cuyo pensamiento es lógico.

63. 관계부사 donde

1 나는 마리아의 집에 있다.
Estoy en la casa de María.

그 집은 아주 작다.
La casa es muy pequeña.

내가 있는 마리아의 집은 아주 작다.
La casa de María donde estoy es muy pequeña.

2 나는 마드리드로 여행했다.
He viajado por Madrid.

마드리드는 스페인의 수도이다.
Madrid es la capital de España.

내가 여행한 마드리드는 스페인의 수도이다.
Madrid por donde he viajado es la capital de España.

3 나는 어느 회사에서 일한다.
Trabajo en una compañía.

그 회사는 우리집에서 아주 멀리 있다.
La compañía está muy lejos de mi casa.

내가 일하는 회사는 우리집에서 아주 멀리 있다.
La compañía donde trabajo está muy lejos de mi casa.

4 나는 아이들을 침실로 데려갔다.
Llevé a los niños al dormitorio.

침실은 아주 어지러져 있었다.
El dormitorio estaba todo desordenado.

내가 아이들을 데려간 침실은 아주 어지러져 있었다.
El dormitorio a donde llevé a los niños estaba todo desordenado.

64. 관계부사 cuando, 직설법 과거완료

1 나는 어젯밤 우연히 까를로스를 만났다.
Me encontré con Carlos anoche.

까를로스는 어젯밤 여행에서 돌아왔다.
Carlos volvió de viaje anoche.

나는 까를로스가 여행에서 돌아온 어젯밤, 그를 우연히 만났다.
Me encontré con Carlos anoche cuando volvió de viaje.

2 나는 지난달에 내 동료를 보았다.
Vi a mi compañero el mes pasado.

그는 지난달 결혼했다.
Él se casó el mes pasado.

나는 내 동료가 결혼한 지난달에 그를 보았다.
Vi a mi compañero el mes pasado cuando se casó.

3 우리 어머니는 어제 마드리드로 떠났습니다.
Mi madre marchó para Madrid ayer.

나는 어제 여행에서 돌아왔다.
Había vuelto de viaje ayer.

우리 어머니는, 내가 여행에서 돌아온 어제, 마드리드로 떠났습니다.
Mi madre marchó para Madrid ayer cuando había vuelto yo de viaje.

4 내 친구는 어제 돌아오려고 하였다.
Mi amigo quería regresar ayer.

내 친구는 어제 병원에 입원하였다.
A mi amigo le hospitalizaron ayer.

내 친구가 돌아오려고 하였던 어제, 내 친구는 병원에 입원하였다.
Mi amigo quería regresar ayer cuando le hospitalizaron.

65. 절을 선행사로 받는 lo que, lo cual

1 후안은 하루 종일 피아노를 친다.
Juan toca el piano todo el día.

이것이 나를 괴롭힌다.
Esto me molesta.

후안은 하루 종일 피아노를 치는데 이것이 나를 괴롭힌다.
Juan toca el piano todo el día, lo que me molesta.

2 마리아는 늘 아파서 누워있다.
María siempre está guardando la cama.

이것이 내 맘을 아주 아프게 한다.
Esto me da mucha pena.

마리아는 늘 아파서 누워있는데 이것이 내 맘을 아주 아프게 한다.
María siempre está guardando la cama, lo que me da mucha pena.

3 내 남편은 늘 같은 말을 한다.
Mi marido siempre dice lo mismo.

이것이 나를 지루하게 한다.
Esto me hace aburrida.

내 남편은 늘 같은 말을 하는데 이것이 나를 지루하게 한다.
Mi marido siempre dice lo mismo, lo cual me hace aburrida.

4 우리들은 미국으로 여행을 갈 것이다.
Iremos de viaje por los Estados Unidos.

이것이 우리들을 기쁘게 한다.
Esto nos hace alegres.

우리들은 미국으로 여행을 갈 것인데 이것이 우리들을 기쁘게 한다.
Iremos de viaje por los Estados Unidos, lo cual nos hace alegres.

66. 관계부사 como

1 그들은 서로 싸운다.
Ellos se pelean.

그들이 싸우는 방법을 보아라.
Fíjate su manera de pelearse.

그들이 서로 싸우는 방법을 보아라.
Fíjate la manera como se pelean.

2 그들은 서로 사랑한다.
Ellos se aman.

그들이 사랑하는 방법은 아름답다.
Es hermosa su manera de amarse.

그들이 서로 사랑하는 방법은 아름답다.
Es hermosa la manera como se aman.

3 까를로스는 나를 시킨다.
Carlos me manda.

나는 그가 나를 시키는 방법을 거부한다.
Rechazo su manera de mandarme.

나는 까를로스가 나를 시키는 방법을 거부한다.
Rechazo la manera como me manda Carlos.

4 María는 피아노를 친다.
María toca el piano.

그녀가 피아노를 치는 방법은 감탄할 만하다.
Es admirable su modo de tocar el piano.

마리아가 피아노를 치는 방법은 감탄할 만하다.
Es admirable el modo como toca el piano María.

67. 관계대명사 cuanto

1 우리는 우리가 비교하는 모든 것을 말한다.
Hablamos todo lo que comparamos.
Hablamos todo cuanto comparamos.
Hablamos cuanto comparamos.

2 그들은 그들이 받은 모든 것을 나에게 가져왔다.
Me trajeron todo lo que recibieron.
Me trajeron todo cuanto recibieron.
Me trajeron cuanto recibieron.

3 그들에게 필요한 모든 것을 표시했다.
Marcaron todo lo que necesitaban.
Marcaron todo cuanto necesitaban.
Marcaron cuanto necesitaban.

4 그들은 보관하고 있던 모든 것을 버렸다.
Echaron todo lo que guardaban.
Echaron todo cuanto guardaban.
Echaron cuanto guardaban.

5 우리들은 남아있던 모든 돈을 써버렸다.
Hemos gastado todo lo que nos quedaba.
Hemos gastado todo cuanto nos quedaba.
Hemos gastado cuanto nos quedaba.

6 우리들은 그가 우리에게 남겨준 모든 것을 간직하고 있다.
Conservamos todo lo que nos ha dejado él.
Conservamos todo cuanto nos ha dejado él.
Conservamos cuanto nos ha dejado él.

68. cuanto más~ tanto más~

1 먹으면 먹을수록 살이 찐다.
Cuanto más se come, tanto más se engorda.

2 일을 하면 할수록 피곤해진다.
Cuanto más trabaja, tanto más se pone cansado.

3 운동을 하면 할수록 건강해진다.
Cuanto más hacen ejercicios, tanto más se hacen saludable.

4 자면 잘수록 잠이 더 온다.
Cuanto más duermo, tanto más tengo sueño.

5 네가 말을 하면 할수록 나는 너를 더 못 믿겠다.
Cuanto más hablas, tanto más no me confío en ti.

6 그가 요구를 하면 할수록 나는 그에게 화가 난다.
Cuanto más me pide, tanto más me enfado con él.

7 산업이 발달하면 할수록 공해가 심각해진다.
Cuanto más se desarrolla la industria, tanto más hay contaminación.

69. si 부사절

1 넌 돈을 많이 갖게 될 것이고, 그리고 이사할 것이다.
Poseerás montón de dinero y cambiarás de casa.

만약 네가 돈을 많이 갖게 되면 이사할 것이다.
Si posees montón de dinero, cambiarás de casa.

2 너는 그 과정의 학점을 딸 것이고, 그리고 여행을 갈 것이다.
Aprobarás el curso e irás de vacaciones.

만약 네가 그 과정의 학점을 따면 여행을 갈 것이다.
Si apruebas el curso, irás de vacaciones.

3 우리는 많이 먹을 것이고, 그리고 우리는 살이 찔 것이다.
Comeremos mucho y nos engordaremos.

만약 우리가 많이 먹으면 살이 찔 것이다.
Si comemos mucho, nos engordaremos.

4 후안이 도착할 것이고, 그리고 너에게 그를 소개시킬 것이다.
Llegará Juan y te lo presentaré.

만약 후안이 도착한다면 너에게 그를 소개시킬 것이다.
Si llega Juan, te lo presentaré.

5 우리는 그곳에 있을 것이고, 그리고 간식을 먹을 것이다.
Estaremos allí y tomaremos la merienda.

만약 우리가 그곳에 있으면 간식을 먹을 것이다.
Si estamos allí, tomaremos la merienda.

6 나는 집에 있을 것이고, 그리고 낮잠을 잘 것이다.
Estaré en casa y tomaré la siesta.

만약 내가 집에 있으면 낮잠을 잘 것이다.
Si estoy en casa, tomaré la siesta.

70. 접속법 현재

1 나는 그가 많은 돈을 갖고 있다고 믿는다.
Creo que él tiene mucho dinero.

나는 그가 많은 돈을 갖고 있다고 믿지 않는다.
No creo que él tenga mucho dinero.

2 그가 그것을 건축하는 것은 확실하다.
Es cierto que lo construye.

그가 그것을 건축할 것인지 확실치 않다.
No es cierto que lo construya.

3 그는 나를 보면 인사를 한다.
Él me saluda cuando me ve.

그가 나를 보면 인사를 할 것이다.
Él me saludará cuando me vea.

4 나는 내가 하고 싶을 때 읽는다.
Leo cuando me apetece.

나는 내가 하고 싶을 때 읽을 것이다.
Leeré cuando me apetezca.

5 나는 그녀가 나를 안다고 확신한다.
Estoy seguro de que ella me conoce.

나는 그녀가 나를 안다고 확신하지 않는다.
No estoy seguro de que ella me conozca.

6 최근 물가가 오른 것은 사실입니다.
Es verdad que ha subido la vida últimamente.

최근 물가가 오른 것은 사실이 아닙니다.
No es verdad que haya subido la vida últimamente.

71. 종속절만 있는 접속법 구문

1 나는 네가 빨리 오기를 바란다.
Espero que vengas pronto.

빨리와!
¡Ven pronto!
¡Que vengas pronto!

2 나는 네가 집에 있기를 바란다.
Deseo que te quedes en casa.

집에 있어!
¡Quédate en casa!
¡Que te quedes en casa!

3 나는 네가 지금 나가는 것을 허락한다.
Te permito que salgas ahora.

지금 나가라!
¡Sal ahora!
¡Que salgas ahora!

4 나는 네가 천천히 말하기를 요구한다.
Te pido que hables despacito.

천천히 말해!
¡Habla despacito!
¡Que hables despacito!

5 나는 당신이 떠나시기를 간청합니다.
Le ruego que se vaya.

떠나십시오!
¡Váyase!
¡Que se vaya!

72. 접속법 과거

1 나는 결과가 좋지 않을까봐 두렵다.
Temo que no resulte bien.

나는 결과가 좋지 않을까봐 두려웠다.
Temía que no resultara bien.

2 당신이 좋아졌다니 기쁩니다.
Me alegro de que esté mejor.

당신이 좋아졌었기에 기뻤습니다.
Me alegraba de que estuviera mejor.

3 가장 재미있는 순간에 전기불이 나가서 유감입니다.
Es lástima que se apague la luz en el momento más interesante.

가장 재미있던 순간에 전기불이 나갔던 것은 유감이었습니다.
Fue lástima que se apagara la luz en el momento más interesante.

4 당신들이 우리 결혼식에 못 오는 것은 정말 유감입니다.
Sentimos mucho que no estén el día de nuestra boda.

당신들이 우리 결혼식에 못 왔다는 건 정말 유감이었습니다.
Sentimos mucho que no estuvieran el día de nuestra boda.

5 네가 나를 그렇게 취급하면 내 마음이 아프다.
Me duele que me trates así.

네가 나를 그렇게 취급했던 것에 내 마음이 아팠다.
Me dolía que me trataras así.

6 나는 네가 우리와 함께 있지 않아 슬프다.
Estoy triste de que no estés con nosotros.

나는 네가 우리와 함께 있지 않았어서 슬펐다.
Estaba triste de que no estuvieras con nosotros.

73. 접속법 시제일치

1 나는 네가 과수원에 들어가는 것을 금한다.
Te prohíbo que entres en el huerto.

나는 네가 과수원에 들어가는 것을 금했다.
Te prohibí que entraras en el huerto.

2 마침내 우리 어머니는 우리가 외식을 할 것을 결정한다.
Por fin, mi madre decide que salgamos a comer fuera.

마침내 우리 어머니는 우리가 외식을 할 것을 결정했다.
Por fin, mi madre decidió que saliéramos a comer fuera.

3 나는 그에게 떠날 것을 명한다.
Le mando que se marche.

나는 그에게 떠날 것을 명했다.
Le mandé que se marchara.

4 나는 그에게 아파트를 하나 찾아보라고 말한다.
Le digo que busque un piso.

나는 그에게 아파트를 하나 찾아보라고 말했다.
Le dije que buscara un piso.

5 나는 너에게 세일에 가서 물건을 사라고 명한다.
Te mando que compres las cosas en las rebajas.

나는 너에게 세일에 가서 물건을 사라고 명했다.
Te mandé que compraras las cosas en las rebajas.

6 신부는 그들이 교회마당을 사용하는 것을 거절한다.
El cura se niega que usen el patio de la iglesia.

신부는 그들이 교회마당을 사용하는 것을 거절했다.
El cura se negó que usaran el patio de la iglesia.

74. 부사절의 접속법

1 나는 그들이 내 말을 더 잘 이해할 수 있도록 매우 분명하게 말한다.
Hablo bien claro para que me entiendan mejor.

나는 그들이 내 말을 더 잘 이해할 수 있도록 매우 분명하게 말했다.
Hablé bien claro para que me entendieran mejor.

2 그가 똑똑하지는 않더라도 열심인 사람이다.
Aunque él no sea inteligente, es un trabajador.

그가 똑똑하지는 않았더라도 열심인 사람이었다.
Aunque él no fuera inteligente, era un trabajador.

3 아무도 눈치채지 못한 채 빨리 나가자.
Salgamos pronto sin que nadie se de cuenta.

우리들은 아무도 눈치채지 못한 채 빨리 나갔다.
Salimos pronto sin que nadie se diera cuenta.

4 당신이 행동만 잘 한다면 밤에 나갈 수 있다.
Con tal de que se porte bien puede salir por las noches.

당신이 행동만 잘 했다면 밤에 나갈 수 있었다.
Con tal de que se portara bien podía salir por las noches.

5 그가 진실을 말할 때까지 그에게 말을 걸지 않겠다.
Hasta que me diga la verdad, no le dirigiré la palabra.

그가 진실을 말할 때까지 그에게 말을 걸지 않았다.
Hasta que me dijera la verdad, no le dirigía la palabra.

6 자동차 시동을 걸기 전에 나는 핸드 브레이크를 푼다.
Antes de que arranque el coche, quito el freno de mano.

자동차 시동을 걸기 전에 나는 핸드 브레이크를 풀었다.
Antes de que arrancara el coche, quité el freno de mano.

75. como si + 접속법 과거

1 그는 마치 왕처럼 명령한다.
Él ordena como si fuera un rey.

그는 마치 왕처럼 명령했다.
Él ordenaba como si fuera un rey.

2 그는 마치 장군처럼 행동한다.
Él se comporta como si fuera un general.

그는 마치 장군처럼 행동했다.
Él se comportaba como si fuera un general.

3 그는 마치 택시기사처럼 운전한다.
Él conduce como si fuera un taxista.

그는 마치 택시기사처럼 운전했다.
Él conducía como si fuera un taxista.

4 그는 마치 새처럼 물을 마신다.
Él bebe agua como si fuera un pajarito.

그는 마치 새처럼 물을 마셨다.
Él bebía agua como si fuera un pajarito.

5 그는 마치 판사처럼 선언한다.
Él declara como si fuera un juez.

그는 마치 판사처럼 선언했다.
Él declaró como si fuera un juez.

6 그는 마치 벙어리처럼 중얼거린다.
Él murmura como si fuera un mudo.

그는 마치 벙어리처럼 중얼거렸다.
Él murmuraba como si fuera un mudo.

76. 가정문

1 당신이 나를 도와준다면 곧 끝낼 수 있겠지만.
Si me ayudara, terminaría pronto.

당신이 나를 도와주었더라면 곧 끝낼 수 있었겠지만.
Si me hubiera ayudado, habría terminado pronto.

2 당신이 낚시를 간다면 동행할 수 있겠지만.
Si fuera a pescar, le acompañaría.

당신이 낚시를 갔었더라면 동행할 수 있었겠지만.
Si hubiera ido a pescar, le habría acompañado.

3 당신이 강요한다면 투우장에 가겠지만.
Si me insistiera, iría a la corrida de toros.

당신이 강요했었더라면 투우장에 갔었겠지만.
Si me hubiera insistido, habría ido a la corrida de toros.

4 내가 미리 알 수 있다면 의사에게 가겠지만.
Si supiera antes, iría al médico.

내가 미리 알 수 있었다면 의사에게 갔었겠지만.
Si hubiera sabido antes, habría ido al médico.

5 내가 백만장자라면 가난한 사람들을 돕겠지만.
Si fuera un millonario, ayudaría a los pobres.

내가 백만장자였다면 가난한 사람들을 도왔겠지만.
Si hubiera sido un millonario, habría ayudado a los pobres.

6 나에게 날개가 있다면 날아갈 수 있겠지만.
Si tuviera las alas, volaría.

나에게 날개가 있었더라면 날아갈 수 있었겠지만.
Si hubiera tenido las alas, habría volado.

77. ojalá + 접속법 기원문, 날씨를 표현하는 동사들

1 제발 비가 그쳤으면!
¡Ojalá deje de llover!
¡Ojalá dejara de llover!

2 제발 폭풍이 그쳤으면!
¡Ojalá cese la tempestad!
¡Ojalá cesara la tempestad!

3 제발 내가 견딜 수 있었으면!
¡Ojalá pueda aguantar!
¡Ojalá pudiera aguantar!

4 제발 안개가 사라졌으면!
¡Ojalá desaparezca la niebla!
¡Ojalá desapareciera la niebla!

5 제발 해가 났으면!
¡Ojalá aparezca el sol!
¡Ojalá apareciera el sol!

6 제발 그가 만족했으면!
¡Ojalá satisfaga él!
¡Ojalá satisfaciera él!

78. por más/mucho + que + 접속법

1 당신이 아무리 노력해도 성공하지는 못할 것입니다.
Por más que haga esfuerzo, no tendrá éxito.

당신이 아무리 노력했었다 해도 성공하지는 못했을 겁니다.
Por más que hiciera esfuerzo, no tendría éxito.

2 그들이 아무리 소리를 질러도 아무도 오지 않을 거야.
Por más que griten, no vendrá nadie.

그들이 아무리 소리를 질렀어도 아무도 오지 않았을 것이다.
Por más que gritaran, no vendría nadie.

3 네가 아무리 찾아보아도 그것을 찾지 못할 것이다.
Por más que busques, no lo conseguirás.

네가 아무리 찾아보았어도 그것을 찾지 못했을 것이다.
Por más que buscaras, no lo conseguirías.

4 그는 아무리 일을 해도, 지치지 않을 것이다.
Por mucho que trabaje, no se rendirá.

그는 아무리 일을 했어도 지치지 않았을 것이다.
Por mucho que trabajara, no se rendiría.

5 네가 아무리 그를 추천해도 내가 그를 받아들이지 않을 것이다.
Por mucho que lo recomiendes, no lo aceptaré.

네가 아무리 그를 추천했어도 내가 그를 받아들이지 않았을 것이다.
Por mucho que lo recomendaras, no lo aceptaría.

6 그가 아무리 교섭해도, 그들을 설득시키지는 못할 것이다.
Por mucho que negocie, no los convencerá.

그가 아무리 교섭했어도, 그들을 설득시키지는 못했을 것이다.
Por mucho que negociara, no los convencería.

79. 가상미래형

1 그는 밤을 샐 것이라고 말했다.
Él dijo que iba a velar la noche.
Él dijo que velaría la noche.

2 그는 항의할 것이라고 말했다.
Él dijo que iba a protestar.
Él dijo que protestaría.

3 그는 술을 끊을 것이라고 말했다.
Él dijo que iba a dejar de beber alcohol.
Él dijo que dejaría de beber alcohol.

4 그는 재경부 장관이 사임할 것이라고 발표했다.
Él anunció que iba a resignar el Ministro de Economía.
Él anunció que resignaría el Ministro de Economía.

5 정부는 곧 국민투표가 있을 것이라고 발표했다.
El gobierno anunció que iba a haber referéndum dentro de poco.
El gobierno anunció que habría referéndum dentro de poco.

6 차기 대통령의 연설이 있을 것이라고 했다.
Dijeron que iba a dar discurso el Presidente electo.
Dijeron que daría discurso el Presidente electo.

80. 겸손한 표현

1 무엇을 원하십니까?
¿Qué quería?

빚을 갚고 싶은데요.
Quisiera pagar la deuda.

2 무엇을 원하십니까?
¿Qué quería?

잠깐 좀 쉬고 싶은데요.
Quisiera descansar un poco.

3 무엇을 원하십니까?
¿Qué quería?

등록을 좀 하고 싶은데요.
Quisiera inscribirme.

4 무엇을 원하십니까?
¿Qué quería?

샤워를 좀 하고 싶은데요.
Quisiera ducharme.

5 무엇을 원하십니까?
¿Qué quería?

일광욕을 좀 하고 싶은데요.
Quisiera tomar el sol.

6 무엇을 원하십니까?
¿Qué quería?

복사를 하고 싶은데요.
Quisiera sacar la copia.

81. 절 sin que

1 나는 잔디를 밟지 않고는 들어갈 수 없다.
No puedo entrar sin pisar el césped.
No puedo entrar sin que pise el césped.

나는 잔디를 밟지 않고는 들어갈 수 없었다.
No podía entrar sin pisar el césped.
No podía entrar sin que pisara el césped.

2 우리는 돌지 않고는 도달할 수 없다.
No podemos alcanzar sin dar la vuelta.
No podemos alcanzar sin que demos la vuelta.

우리는 돌지 않고는 도달할 수 없었다.
No podíamos alcanzar sin dar la vuelta.
No podíamos alcanzar sin que diéramos la vuelta.

3 너희들은 창문을 열지 않고 담배 피울 수 없다.
No podéis fumar sin abrir la ventana.
No podéis fumar sin que abráis la ventana.

너희들은 창문을 열지 않고 담배 피울 수 없었다.
No podíais fumar sin abrir la ventana.
No podíais fumar sin que abrierais la ventana.

4 나는 껍질을 벗기지 않고 먹을 수 없다.
No puedo comer sin quitar la piel.
No puedo comer sin que quite la piel.

나는 껍질을 벗기지 않고 먹을 수 없었다.
No podía comer sin quitar la piel.
No podía comer sin que quitara la piel.

82. cualquiera

1 물어보면 당신은 모른다고 말할까요?
¿Si preguntan, digo que no sabe usted?

물어보는 누구에게든 나는 모른다고 말해라.
A cualquiera que pregunte, dile que yo no sepa.

2 대답하면 틀리다고 말할까요?
¿Si contestan, digo que no está correcto?

대답하는 누구에게든 틀리다고 말해라.
A cualquiera que conteste, dile que no esté correcto.

3 방해하면 안된다고 말할까요?
¿Si interrumpen, digo que no se puede?

방해하는 누구에게든 안 된다고 말해라.
A cualquiera que interrumpa, dile que no se pueda.

4 끝나면 놀라고 말할까요?
¿Si terminan, digo que se entretienen?

끝나는 누구에게든 놀라고 말해줘요.
A cualquiera que termine, dígale que se entretenga.

5 먹기를 원하면 음식이 준비됐다고 말할까요?
¿Si quieren comer, digo que está preparada la comida?

먹기 원하는 누구에게든 음식이 준비됐다고 말해줘요.
A cualquiera que quiera comer, dígale que esté preparada la comida.

6 해보려고 하면 필요 없다고 말할까요?
¿Si van a intentar, digo que no hace falta?

해보려고 하는 누구에게든 필요 없다고 말해줘요.
A cualquiera que vaya a intentar, dígale que no haga falta.

83. sea quien sea, sea donde sea, sea como sea

1 어떤 방법이든지 나와는 상관없다.
Sea como sea no me importa.
Comoquiera que sea no me importa.

2 어디든지 가겠다.
Sea donde sea me voy.
Dondequiera que sea me voy.

3 누가 조사를 끝낼 수 있습니까?
¿Quién podrá concluir la investigación?

누구라도 그것을 끝낼 수 없습니다.
Sea quien sea no podrá concluirla.

4 언제 우리가 다시 볼 수 있겠습니까?
¿Cuándo podremos encontrarnos de nuevo?

당신이 좋을 때에요.
Cuando usted quiera.

5 어떻게 모임을 지연시킬까요?
¿Cómo se demora la reunión?

당신이 좋으신대로요.
Como usted quiera.

6 어디서 잠깐 설까요?
¿Dónde paramos un rato?

당신이 좋으신 곳에요.
Donde usted quiera.

84. 명령문의 직접화법과 간접화법

1 내가 너에게 명령했다: "박수를 쳐."
Te ordené: "Aplaude."

내가 너에게 박수를 치라고 명령했다.
Te ordené que aplaudieras.

2 그는 나에게 명령했다: "그것을 포함시켜."
Él me ordenó: "Inclúyelo."

그는 나에게 그것을 포함시키라고 명령했다.
Él me ordenó que lo incluyera.

3 나는 그에게 말했다: "멈추시오."
Le dije: "Párese."

나는 그에게 멈추라고 말했다.
Le dije que se parara.

4 그는 나에게 말했다: "조용히 해."
Me dijo: "Cállate."

그는 나에게 조용히 하라고 말했다.
Me dijo que me callara.

5 나는 당신에게 간청했습니다: "여기에 서명해 주십시오."
Le rogué: "Firme aquí."

나는 당신에게 여기에 서명해 주실 것을 간청했습니다.
Le rogué que firmara aquí.

6 나는 그에게 간청했습니다: "지불을 연기시켜 주십시오."
Le rogué: "Aplace el pago."

나는 그에게 지불을 연기시켜 줄 것을 간청했습니다.
Le rogué que aplazara el pago.

85. 직접화법과 간접화법

1 그는 나에게 대답했다: "너무 바빠."
Me contestó: "Estoy ocupadísimo."

그는 나에게 너무 바쁘다고 대답했다.
Me contestó que estaba ocupadísimo.

2 그는 나에게 물었다: "왜 때려?"
Me preguntó: "¿Por qué me pegas?"

그는 나에게 왜 때리냐고 물었다.
Me preguntó por qué le pegaba.

3 그는 나에게 대답했다: "내일 도착합니다."
Me contestó: "Llego mañana."

그는 나에게 그 다음날 도착할 것이라고 대답했다.
Me contestó que llegaría al día siguiente.

4 그는 나에게 물었다: "언제 이사하니?"
Me preguntó: "¿Cuándo te mudas?"

그는 나에게 언제 이사하냐고 물었다.
Me preguntó cuándo me mudaría.

5 그는 나에게 물었다: "어떻게 생각하니?"
Me preguntó: "¿Qué opinas?"

그는 나에게 어떻게 생각하냐고 물었다.
Me preguntó qué opinaba.

6 그는 나에게 물었다: "무엇을 주문하려고 하니?"
Me preguntó: "¿Qué querías demandar?"

그는 나에게 무엇을 주문하려고 하느냐고 물었다.
Me preguntó qué quería demandar.

86. 전치사 para

1 나는 복수할 준비가 다 되었다.
Ya estoy listo para vengar.

2 잠자기 위해서 포도주보다 더 좋은 것은 없다.
Para dormir no hay nada mejor que el vino.

3 우리는 크리스마스까지는 돌아올 것이다.
Habremos vuelto para la Navidad.

4 나에게 그것은 큰 호의이다.
Para mí es un gran favor.

5 그는 런던으로 떠났다.
Marchó para Londres.

6 그는 순전히 가족을 위해 희생했다.
Ha sacrificado sólo para la familia.

7 그는 나이에 비해 키가 작다.
Es bajo para su edad.

8 그녀는 모든 사람에 대해 친절했다.
Ella era buena para con todos.

9 우리가 나갈 수 있도록 수위가 문을 열어준다.
El guardia nos abre la puerta
para que podamos salir.

10 우리는 막 나가려던 참이다.
Estamos para salir.

87. 전치사 por

1 오전에 당신 집에 들르겠습니다.
Por la mañana pasaré por su casa.

2 제발, 하는 일에 조심 좀 해라.
¡Por Dios!, ten cuidado con lo que haces.

3 마침내 우리는 도착했습니다.
Por fin, llegamos.

4 네 잘못으로 우리가 길을 잃었다.
Por tu culpa hemos perdido el camino.

5 나는 마리아를 아내로 원합니다.
Quiero a María por esposa.

6 오늘은 X-레이가 전부다.
Por hoy, los rayos X es todo.

7 자칫 나무에서 떨어지겠다.
Por poco nos caemos del árbol.

8 5곱하기 5는 25이다.
Cinco por cinco son veinticinco.

9 이 연필을 다른 새 것과 바꿔주세요.
Por favor, cámbieme este lápiz por uno nuevo.

88. 전치사 a

1 나는 스페인식 샐러드가 좋습니다.
Me gusta la ensalada a la española.

2 10km 떨어진 곳에 있습니다.
Está a diez kilómetros.

3 어쩌면 우리가 합격이야.
A lo mejor aprobamos.

4 1킬로에 20유로입니다.
Un kilo está a 20 euros.

5 영하 20도다.
Estamos a 20 grados bajo cero.

6 늦어도 10일까지 끝내겠습니다.
A más tardar terminaré hasta el día diez.

7 마침내 그들은 '브라보'를 외쳤다.
Al fin y al cabo gritaron 'Bravo'.

8 나는 감히 그에게 사실을 말할 수 없었다.
No me atreví a decirle la verdad.

9 그녀는 살을 뺄 목적으로 운동을 하고 있다.
Ella está haciendo ejercicios a fin de adelgazar.

10 부모님들의 반대에도 불구하고 그들은 결혼했다.
Se casaron a pesar de que sus padres se oponían.

89. 전치사 de

1 그들은 바르셀로나 사람들이다.
Son de Barcelona.

2 이 문제는 풀기 쉽다.
Este problema es fácil de solucionar.

3 나는 매일 같은 것을 먹는데 질렸다.
Estoy harto de comer lo mismo todos los días.

4 1시부터 나는 서 있다.
Estoy de pie desde la una.

5 겨울에 그 시각이면 이미 밤이다.
En invierno a esa hora ya es de noche.

6 그들이 너에 대해 나쁘게 말했다.
Ellos hablaron mal de ti.

7 벌써 식사시간이다.
Ya es hora de comer.

8 내 팔자야!
¡Pobre de mí!

9 그 교통사고는 나에게 교훈이 되었다.
Ese accidente de tráfico me sirvió de lección.

90. 전치사

1 벽에 기대지 마시오.
No se apoye contra la pared.

2 편지는 의자 밑에 있다.
La carta está bajo la silla.

3 그는 나의 보호 하에 있다.
Está bajo mi protección.

4 나는 그것을 반시간 내에 하겠다.
Lo haré en media hora.

5 그 마을은 강과 산 사이에 있다.
El pueblo está entre el río y la montaña.

6 너와 나 사이에 어떻게 그럴 수가 있니?
¿Cómo es posible entre tú y yo?

7 나를 포함하여 우리 모두가 잘못했다.
Estamos equivocados incluso yo.

8 나를 제외하고 모두 나갔다.
Todos han salido excepto yo.
Todos han salido salvo yo.

9 강은 남쪽을 향해 흐른다.
El río corre hacia el sur.

10 편지들은 책상 위에 있다.
Las cartas están sobre la mesa.

91. 전치사 요구동사

1 ~하는 습관을 갖다 (acostumbrarse a)
나는 손톱을 물어뜯는 습관이 있다.
Me acostumbro a morder las uñas.

2 ~하기에 이르다 (alcanzar a)
그는 마침내 에베레스트 산정에 올랐다.
Al fin, alcanzó a llegar a la cumbre de Everest.

3 감히 ~하다 (atreverse a)
나는 그 말을 감히 못하겠다.
No me atrevo a decir tal palabra.

4 ~을 기억하다 (acordarse de/recordarse de)
나는 너를 기억하지 못한다.
No me acuerdo de ti.

5 ~을 잊어버리다 (olvidarse de)
그는 숙제하는 것을 잊어버렸다.
Él se olvidó de hacer la tarea.

6 ~을 후회하다 (arrepentirse de)
나는 부모님께 순종하지 않은 것을 후회한다.
Me arrepiento de desobedecer a mis padres.

7 ~을 애통해하다 (afligirse por)
그들은 그의 사망을 애통해했다.
Se afligieron por su muerte.

8 ~을 그만두다 (dejar de)
그들은 공격을 그만두었다.
Dejaron de atacar.

92. 전치사 요구동사

1 ~을 다루다 (tartar de)
이 소설은 한 영웅을 다루고 있다.
Esta novela trata de un héroe.

2 ~으로 구성되다 (constar de/consistir en)
이 집은 3층으로 구성되어 있다.
Esta casa consta de tres pisos.

3 ~을 생각하다 (pensar en)
나는 부동산에 투자할 것을 생각한다.
Pienso en invertir en fincas.

4 ~와 헤어지다 (despedirse de)
이만 작별인사로 가름할까 합니다.
Por el momento, me despido de Ud.

5 ~에 싫증이 나다 (aburrirse de)
나는 같은 업무에 싫증이 난다.
Me aburro del mismo oficio.

6 막 ~하려고 하다 (estar por)
물이 막 끓으려고 한다.
El agua está por hervir.

7 ~하려고 힘쓰다 (luchar por)
우리는 독립을 위해 힘쓴다.
Luchamos por la independencia.

8 ~에 종사하다 (dedicarse a)
그는 상업에 종사하기를 희망한다.
Él desea dedicarse al comercio.

93. 감탄문

1 마리아는 아주 비싼 브라우스를 입고 있다.
María lleva una blusa tan cara.

아주 비싼 브라우스구나!
¡Qué blusa tan cara!

2 아이들은 아주 예쁘다.
Los niños son muy guapos.

아주 예쁘구나!
¡Qué guapos!

3 학생들은 열심히 공부한다.
Los alumnos estudian mucho.

얼마나 열심히 공부하는지!
¡Cuánto estudian!

4 마리아는 아주 노래를 잘한다.
María canta muy bien.

얼마나 노래를 잘 하는지!
¡Cómo canta!

5 기차가 아주 빨리 달린다.
El tren corre muy rápido.

얼마나 빨리 달리는지!
¡Cuán rápido corre!

6 일이 정말 힘들다.
El trabajo es pesadísimo.

일이 얼마나 힘든지!
¡Qué pesado es el trabajo!

94. ni~ ni~

1 후안은 고기를 먹지 않는다.
Juan no come carne.

후안은 생선도 먹지 않는다.
Juan no come pescado tampoco.

후안은 고기도 생선도 먹지 않는다.
Juan no come ni carne ni pescado.

2 마리아는 음식을 준비하지 않는다.
María no prepara la comida.

마리아는 식탁도 차리지 않는다.
María no pone la mesa tampoco.

마리아는 음식을 준비하지도, 식탁을 차리지도 않는다.
María ni prepara la comida ni pone la mesa.

3 하늘에는 별이 없다.
No hay estrellas en el cielo.

하늘에는 달도 없다.
Tampoco hay luna en el cielo.

하늘에는 별도, 달도 없다.
No hay ni estrellas ni luna en el cielo.

4 후안은 낮에 공부하지 않는다.
Juan no estudia por el día.

후안은 밤에도 공부하지 않는다.
Juan tampoco estudia por la noche.

후안은 낮에도 밤에도 공부하지 않는다.
Juan no estudia ni por el día ni por la noche.

95. no sólo~ sino~

1 그들은 책을 판다.
Ellos venden libros.

그들은 신문도 판다.
Ellos venden periódicos también.

그들은 책뿐만 아니라 신문도 판다.
Ellos venden no sólo libros sino(también) periódicos.

2 후안은 축구에 흥미를 갖고 있다.
Juan tiene interés en fútbol.

후안은 테니스에도 흥미를 갖고 있다.
Juan tiene interés en tenis también.

후안은 축구뿐만 아니라 테니스에도 흥미를 갖고 있다.
Juan tiene interés no sólo en fútbol sino en tenis.

3 나는 나의 이웃을 돕는다.
Yo ayudo a mis vecinos.

후안도 그의 이웃을 돕는다.
Juan también ayuda a sus vecinos.

나뿐만 아니라 후안도 이웃을 돕는다.
No sólo yo sino Juan ayudamos a nuestros vecinos.

4 후안은 성공했다.
Juan logró éxito.

후안은 상도 탔다.
Juan también logró un premio.

후안은 성공했을 뿐 아니라 상도 탔다.
Juan logró no sólo éxito sino un premio.

96. 문장연결 접속사

1 시험이 어렵다.
Los exámenes son difíciles.

그는 열심히 공부한다.
Estudia mucho.

시험이 어려우므로 그는 열심히 공부한다.
Los exámenes son difíciles, así que estudia mucho.

2 오늘은 크리스마스 이브이다.
Hoy es nochebuena.

나는 선물을 준비한다.
Yo preparo los regalos.

오늘은 크리스마스 이브이므로 나는 선물을 준비한다.
Hoy es nochebuena, por lo tanto yo preparo los regalos.

3 그는 게으르다.
Él es perezoso.

그는 가난하다.
Él es pobre.

그는 게으르기 때문에 가난하다.
Él es perezoso, por tanto él es pobre.

4 후아나는 아름답다.
Juana es hermosa.

후아나는 젊은이들 사이에서 사랑받는다.
Juana es amada entre los jóvenes.

후아나는 아름다워서 젊은이들 사이에서 사랑 받는다.
Juana es hermosa, por eso es amada entre los jóvenes.

97. o~ o~

1 나머지를 번역해라.
Traduce el resto.

그것을 빼라.
Exclúyelo.

나머지를 번역하든지 그것을 빼든지 해라.
O traduce el resto o exclúyelo.

2 지금 바로 그에게 전화해라.
Llámale ahora mismo.

지금 바로 그를 방문해라.
Visítale ahora mismo.

지금 바로 그에게 전화하든지 방문하든지 해라.
O llámale o visítale ahora mismo.

3 난로를 켜라.
Enciendes la estufa.

문을 닫아라.
Cierras la puerta.

난로를 켜든지 문을 닫든지 해라.
O enciendes la estufa o cierras la puerta.

4 그는 라디오를 듣는다.
Él escucha la radio.

그는 동시에 TV를 본다.
Él mira la tele al mismo tiempo.

쟤는 라디오를 듣든지 TV를 보든지 하지.
O escucha la radio o mira la tele.

98. en cuanto

1 장관은 정시에 도착했다.
El ministro llegó a tiempo.

그는 회견을 하였다.
Él tuvo una entrevista.

장관은 정시에 도착하자 회견을 하였다.
En cuanto llegó el ministro a tiempo, tuvo una entrevista.

2 나는 머리를 손질했다.
Me arreglé el pelo.

후안이 나에게 전화했다.
Juan me llamó por teléfono.

내가 머리를 손질하자 후안이 나에게 전화했다.
En cuanto me arreglé el pelo, Juan me llamó por teléfono.

3 여자아이가 울기 시작했다.
La niña empezó a llorar.

남자아이가 웃기 시작했다.
El niño empezó a reír.

여자아이가 울기 시작하자 남자아이가 웃기 시작했다.
En cuanto la niña empezó a llorar, el niño empezó a reír.

4 까르멘이 창문을 열었다.
Carmen abrió la ventana.

나는 추웠다.
Yo sentía frío.

까르멘이 창문을 열자 나는 추웠다.
En cuanto Carmen abrió la ventana, yo sentía frío.

ez Spanish-발음편

초판 인쇄 2009년 2월 20일
초판 발행 2009년 2월 28일

지은이 ▪ 민선재
발행처 ▪ 한국외국어대학교 출판부
130-791 서울시 동대문구 이문동 270
전화 (02)2173-2495~6
FAX (02)2173-3363
홈페이지 http://press.hufs.ac.kr
전자우편 press@hufs.ac.kr
출판등록 ▪ 제6-6호(1969. 4. 30)
편집 · 디자인 ▪ ㈜이환디앤비 (02)2254-4301
인쇄 · 제본 ▪ 삼진피앤씨㈜ (02)2271-0860

ISBN 978-89-7464-528-1 18770 정가 12,000원(mp3 CD포함)

• 잘못된 책은 교환하여 드립니다.